部屋に合う、シンプルでおしゃれな手編みざぶとん

橋本真由子

朝日新聞出版

部屋に合う、
シンプルでおしゃれな
手編みざぶとん

橋本真由子

円座や角座とも呼ばれる手編みのざぶとん。
ぱっと目を引く華やかなものも素敵ですが、
毎日使うものなので、
暮らしに馴染むシンプルなものにも惹かれます。
この本では、日常空間やインテリアに合わせやすい、
シンプルなデザインと落ち着いた色合いのざぶとんを集めました。

どれも難しいテクニックを使わずに、
一つの技法を覚えれば編めるようにデザインしています。
引き上げ編み、玉編み、うね編みなど、
ベーシックな編み方で面白い模様ができるような工夫も加えました。
ざぶとんは座り心地も大切なので、
編み地にクッション性と厚みをもたせることも意識しました。

手編みのざぶとんが日々の生活に
彩りを添える存在になれば、うれしいです。

橋本真由子

contents

a

1
ギンガムチェック

2色の編み込みで、大きめのギンガムチェックを作りました。
編み地はうね編みで立体的に、角は増減をして丸くしたところがポイントです。

編み方 → 42ページ

b

2
ワッフル

長編みのベースに引き上げ編みを組み入れて、ボリュームのある編み地に。
シンプルで使い勝手がいいので、色違いで何枚か編んでも。

編み方 → 44ページ

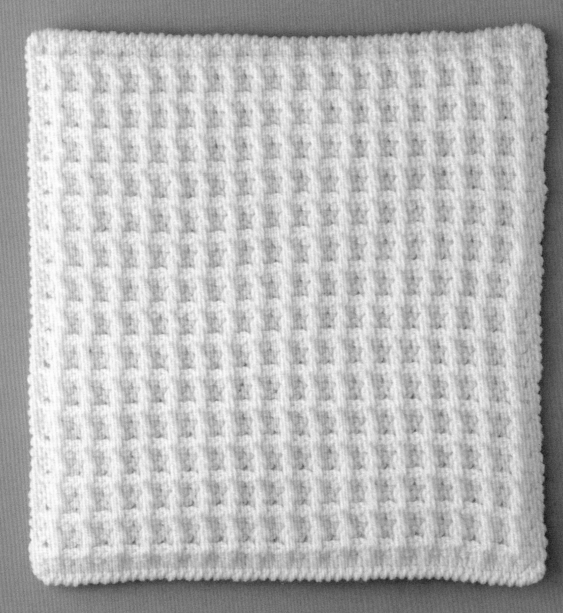

3

階段模様

引き上げ編みの特徴を生かし、2段ごとの配色で階段模様を作りました。
差が大きい対照的な2色を選ぶと、柄がくっきり出てきれいです。

編み方 → 48ページ

b

a

b

4

玉編みのスツールカバー

ぽこぽこした編み地は適度な厚みがあります。
簡単なので仕上がりもあっという間。
かぶせたときに椅子にフィットするように、
縁にゴムテープを編みくるんでいます。

編み方 → 58ページ

5

ブロック模様

ふっくらとしたブロック模様は、変わり玉編みを隣の目の足に編みつけています。
超極太糸で編んでいるので、進みが早いのもうれしいです。

編み方 → 50ページ

6

花びら

立体的な花びらは、アフガン編みのようなちょっと面白い編み方で。
幾重にも重なる花びらがふんわりして、座り心地も抜群です。

編み方 → 45ページ

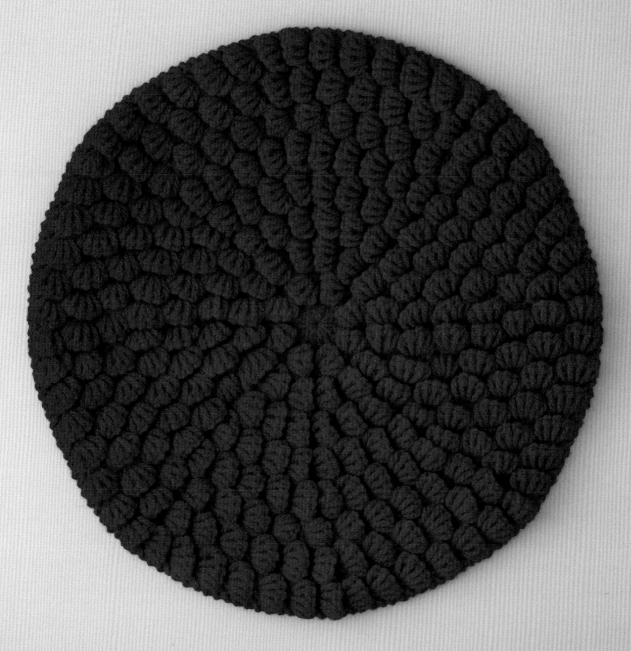

7

ドーナツ

往復編みで目数を増減しながら、
前側と後ろ側を一度に編んでいきます。
輪にとじ合わせて中央の穴を整えると、
ドーナツのような形に。

編み方 → 52ページ

8
ラグ風

毛足の長いラグのような、
もこもこした表情がかわいいざぶとん。
2本どりでリング編みを編んでいるので、
十分な厚みがあります。

編み方→54ページ

9

幾何学模様 A

編み込みではなく、1段ごとのボーダー配色で作るスクエア柄。
すじ編みの編み方を工夫することで、編み込み風に模様が浮き出ます。

編み方 → 76ページ

10
幾何学模様B

9と同じ編み方で、グレー×生成りでクロス柄を作りました。
北欧のテキスタイルのような編み地がおしゃれです。

編み方 → 76ページ

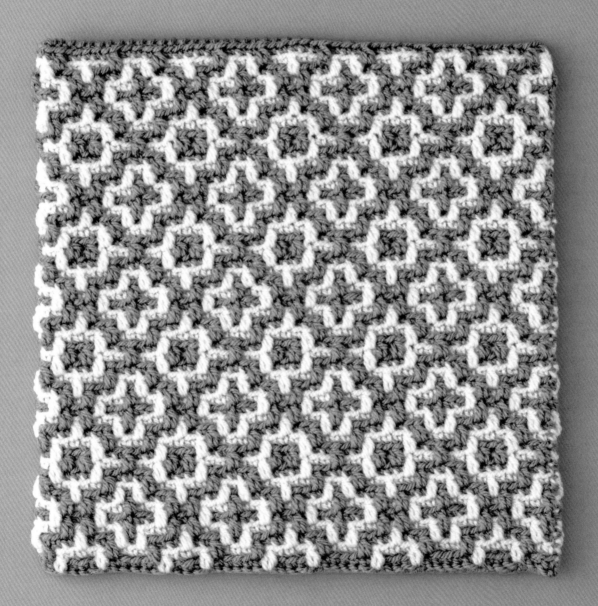

11
コイル編みモチーフ

コイル編みで立体感を出した、六角形のかわいいお花のざぶとん。
糸は生成りやベージュなど淡い色を選ぶと、編み地がきれいに出ます。

編み方 → 56ページ

12

花のドイリー風

引き上げ編みで、ボリューム感を出しながら花びらを編みます。
花びらと花びらの境目はトリミングではなく、くさり編みでへこみをつけています。

編み方 → 60ページ

13

透かし模様

引き上げ編みのベースに透かし模様を入れて、規則的なラインを出しました。
最後に、小さな粒のようなかわいい縁編みをほどこします。

編み方 → 62ページ

14

モチーフのスツールカバー

椅子にかぶせると、透け感が出てモチーフがきれいに浮かび上がります。
冬の冷たい椅子の座面を温めてくれる、かわいいカバーです

編み方 → 64ページ

15
ジグザグ模様

こま編み、玉編み、交差編みなど、編み方を工夫して作ったジグザグ模様。
模様を生かすため、縁編みはシンプルにすっきりと仕上げました。

編み方 → 66ページ

a

16

格子柄

引き上げ編みの格子の間にコイル編みを入れることで、弾力性をアップ。
モノトーンやブルー系など、シックな色でまとめるのがおすすめです。

編み方 → 68ページ

b

17
ケーブル

かぎ針編みで作る、大きなケーブルが目を引くざぶとん。
後ろ側はフラットな編み地にしているので、敷いたときに安定感もあります。

編み方 → 70ページ

18
ダイヤモンドワッフルステッチ

編み込みと引き上げ編みを組み合わせて、ダイヤ柄を浮き出させます。
輪で筒状に裏面まで一度に編み、最後に上下をとじ合わせます。

編み方 → 72ページ

19

リーフ模様

立体的な葉がきれいに並んだ、シンプルな丸いざぶとん。
リーフ模様の編み方は、一度覚えてしまえばスムーズに編み進められます。

編み方 → 79ページ

20
引き上げ編み

引き上げ編みの玉編みで、中央から輪に四角く編んできます。
縁編みは少し大きめのスカラップにして、アクセントをつけました。

編み方 → 74ページ

21
市松模様

2つの異なる編み地を互い違いに配置し、角には丸みをもたせました。
単色で地模様のざぶとんは、使い勝手もよく、どんな部屋にも合います。

編み方 → 82ページ

22
スクエアモチーフ

色のトーンを揃えた2種類の四角モチーフをつなぎ合わせます。
後ろ側は大きなモチーフ1枚で、見えない裏面もかわいいです。

編み方 → 85ページ

a

b

23

引き揃え

糸を5本引き揃えて超極太用の針で編むと、ミックスヤーンのような表情に。
立ち上がりをつけないでぐるぐる編んでいるので、見た目もきれいです。

編み方 → 90ページ

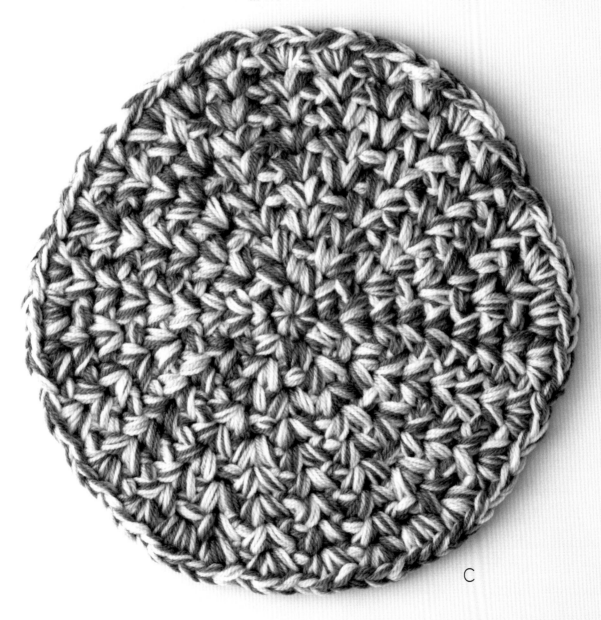

C

24

ブレードを組む

細長いひも状の編み地を編み、それを組んで形を作っていきます。
ブレードが重なりあって、ボリュームのあるざぶとんに仕上がります。

編み方 → 88ページ

1 ギンガムチェック 写真／4-5ページ

a　b

- **●糸**　ハマナカボニー（50g玉巻）
  - a　グラスグリーン（602）150g
  - 　　生成り（442）140g
  - b　群青（473）150g
  - 　　生成り（442）140g
- **●針**　ハマナカ アミアミ
  - 両かぎ針ラクラク7.5/0号
- **●サイズ**　36cm角
- **●ゲージ**　うね編みの編み込み模様
  - 15.5目×13.5段＝10cm角

●編み方

糸は1本どりで、指定の配色で編みます。

1 後ろ側は生成りでくさり編み45目を作り目し、うね編みの編み込み模様で角を増減しながら48段編みます。

2 前側は同じものを編みます。

3 前側から続けて、前側と後ろ側を外表に合わせ、2枚一緒に縁編みを編みます。

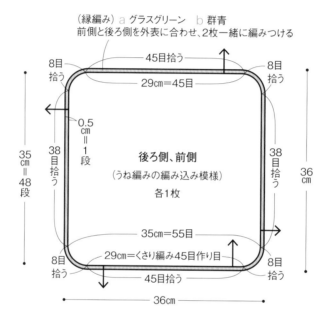

（縁編み）a グラスグリーン　b 群青
前側と後ろ側を外表に合わせ、2枚一緒に編みつける

8目拾う　45目拾う　8目拾う

29cm＝45目

0.5cm＝1段

35cm＝48段

38目拾う　　38目拾う

36cm

後ろ側、前側
（うね編みの編み込み模様）
各1枚

35cm＝55目

29cm＝くさり編み45目作り目

8目拾う　45目拾う　8目拾う

36cm

うね編みの編み込み模様の編み方

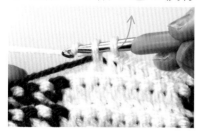

1 編んでいない糸を編みくるみながら、前段のこま編みの向こう側の1本をすくってこま編みを編む。

2 色をかえるときは、その手前の目を引き抜くときに糸をかえる。

3 引き抜いたところ。同様に編んでいない糸を編みくるみながら、続きを編む。

後ろ側、前側、縁編み

編み終わり　前側から続けて縁編みを編む　　　　　　　（縁編み）a グラスグリーン　b 群青

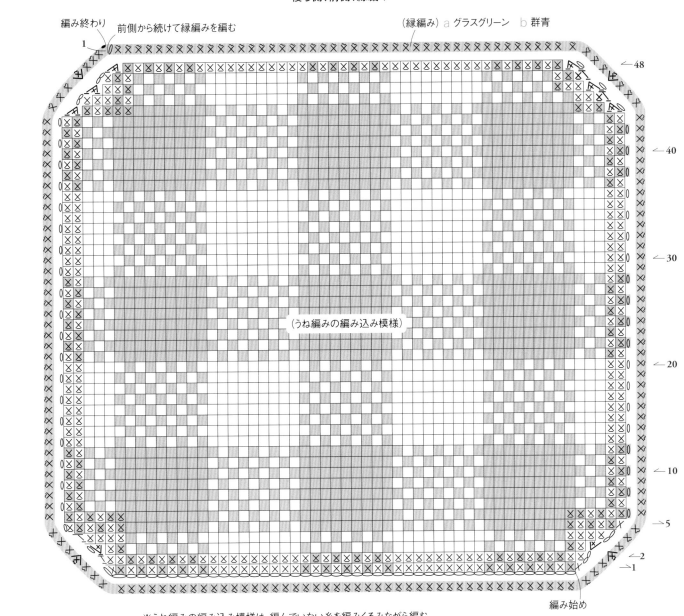

（うね編みの編み込み模様）

※うね編みの編み込み模様は、編んでいない糸を編みくるみながら編む
（42ページの写真参照）

編み始め

後ろ側、前側の配色

	a	b
□	生成り	生成り
▨	グラスグリーン	群青

✕ ＝うね編み

Ｉ ＝中長編みのうね編み

Ｗ ＝うね編み2目
　　編み入れる

Ａ ＝うね編み2目一度

✕ ＝うね編みと
　　中長編みのうね編み
　　2目一度

✕ ＝バックこま編み

✕ ＝バックこま編みを
　　2目編み入れる

2 ワッフル 写真／6-7ページ

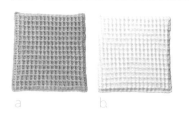

●糸 ハマナカボニー（50g玉巻）
 a グレー（486）340g
 b 生成り（442）340g
 c 濃グレー（481）340g
●針 ハマナカ アミアミ
 両かぎ針ラクラク7.5/0号
●サイズ 38cm角
●ゲージ 模様編み
 14.5目×8.5段＝10cm角

●編み方 糸は1本どりで編みます。
1 後ろ側はくさり編み53目を作り目し、模様編みで30段編みます。
2 前側は同じものを編みます。
3 前側から続けて、前側と後ろ側を外表に合わせ、2枚一緒に縁編みを編みます。

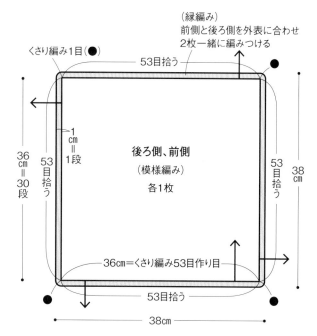

（縁編み）
前側と後ろ側を外表に合わせ
2枚一緒に編みつける

くさり編み1目（●）

53目拾う

1cm＝1段

36cm＝30段

53目拾う

後ろ側、前側
（模様編み）
各1枚

53目拾う

38cm

36cm＝くさり編み53目作り目

53目拾う

38cm

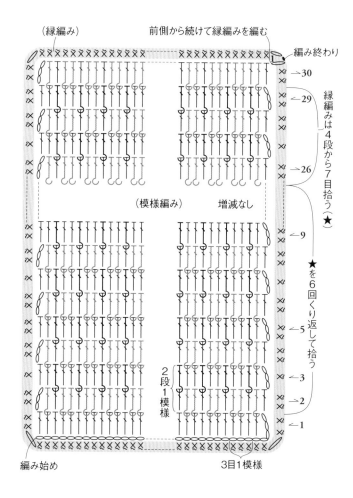

後ろ側、前側、縁編み

（縁編み）
前側から続けて縁編みを編む
編み終わり

→30
→29
→26
→9
→5
→3
→2
←1

縁編みは4段から7目拾う（★）

★を6回くり返して拾う

（模様編み） 増減なし

2段1模様

編み始め

3目1模様

┨ ＝長編み裏引き上げ編み
（裏側を見て編むので長編み表引き上げ編みを編む）

┨ ＝長編み表引き上げ編み

⤬ ＝バックこま編み

44

6 花びら 写真／14-15ページ

●糸　ハマナカボニー（50g玉巻）
　　　赤（404）300g
●針　ハマナカ アミアミ
　　　両かぎ針ラクラク7.5/0号
●サイズ　直径40cm
●ゲージ　長編み　1段＝1.6cm
　　　　　模様編み　1段＝2.2cm

●編み方　糸は1本どりで編みます。
1　後ろ側は糸端を輪にし、長編みで12段編みます。
2　前側も同様に作り目し、模様編みで9段編みます。
3　前側から続けて、前側と後ろ側を外表に合わせ、2枚一緒に縁編みを編みます。

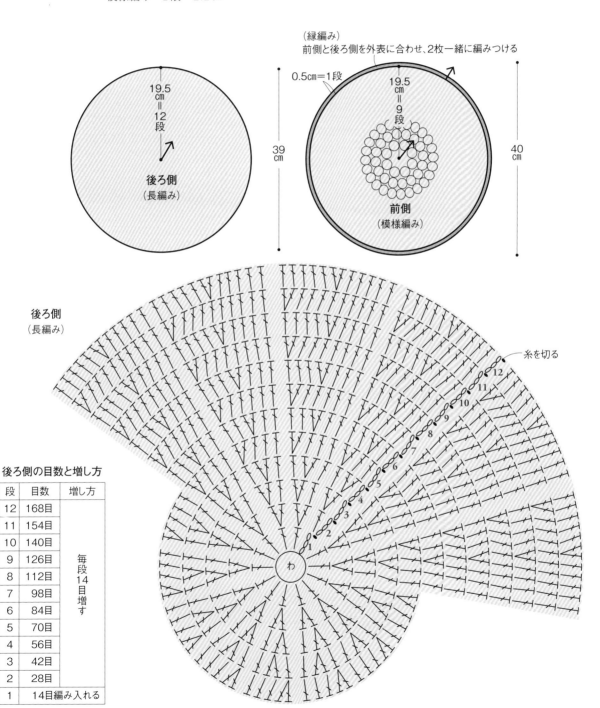

（縁編み）
前側と後ろ側を外表に合わせ、2枚一緒に編みつける

0.5cm＝1段

19.5
cm
＝
12
段

後ろ側
（長編み）

39cm

19.5
cm
＝
9段

前側
（模様編み）

40cm

後ろ側
（長編み）

糸を切る

12
11
10
9
8
7
6
5
4
3
2
1

わ

後ろ側の目数と増し方

段	目数	増し方
12	168目	
11	154目	
10	140目	
9	126目	毎段14目増す
8	112目	
7	98目	
6	84目	
5	70目	
4	56目	
3	42目	
2	28目	
1	14目編み入れる	

前側、縁編み

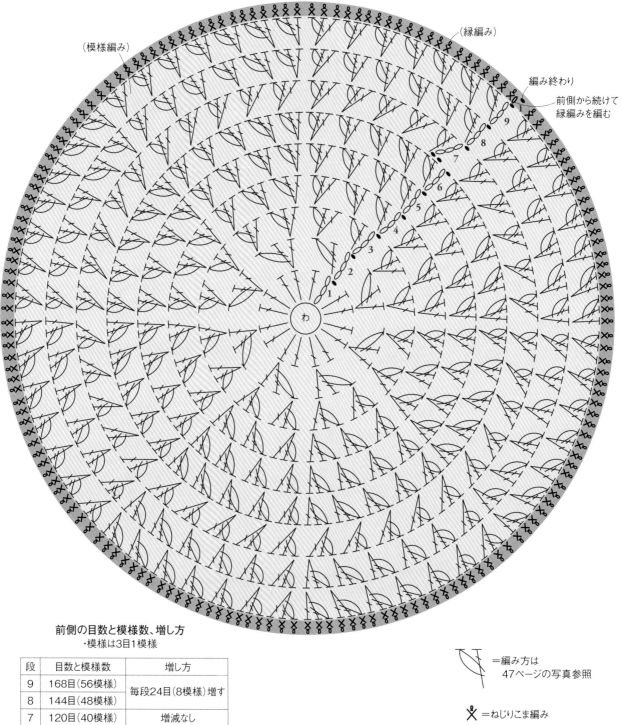

（模様編み）

（模様編み）

（縁編み）

編み終わり
前側から続けて
縁編みを編む

わ

1 2 3 4 5 6 7 8 9

=編み方は
47ページの写真参照

=ねじりこま編み

前側の目数と模様数、増し方
・模様は3目1模様

段	目数と模様数	増し方
9	168目（56模様）	毎段24目（8模様）増す
8	144目（48模様）	
7	120目（40模様）	増減なし
6	120目（40模様）	毎段24目（8模様）増す
5	96目（32模様）	
4	72目（24模様）	
3	48目（16模様）	
2	24目（8模様）	8目増す
1	16目編み入れる	

花びら 🌸 の編み方

1 針に糸をかけ、先に編んだ長編みの足に矢印のように針を入れ、糸をかけて引き出す（未完成の中長編みの要領）。

2 引き出したところ。

3 針に糸をかけ、1と同じところに針を入れ、同様に糸を引き出す。

4 引き出したところ。

5 全部で5回引き出す。

6 針に糸をかけ、2つのループを一度に引き抜く。

7 引き抜いたところ。

8 さらに針に糸をかけ、3つのループを一度に引き抜く。

9 8と同様に「針に糸をかけて3つのループを引き抜く」をくり返す。最後は針に糸をかけ、2つのループを一度に引き抜く。

10 引き抜いたところ。花びらが編めた。

11 続きを編む。長編みを前段の花びらの目に編むときは、最後の引き抜いた目（10で引き抜いた目）に針を入れて編む。

12 長編みが1目編めたところ。

3 階段模様 写真／8-9ページ

a

b

裏面

●糸 ハマナカボニー（50g玉巻）
　a　生成り（442）、
　　　レモン（432）各170g
　b　生成り（442）、
　　　濃グレー（481）各170g
●針 ハマナカ アミアミ
　　　両かぎ針ラクラク7.5/0号
●サイズ 40cm角
●ゲージ 模様編みA、模様編みB
　　　　 12.5目×12段＝10cm角

●編み方
糸は1本どりで、指定の配色で編みます。
1 後ろ側はくさり編み49目を作り目し、模様編みAで46段編みます。
2 前側も同様に作り目し、模様編みBで46段編みます。
3 前側から続けて、前側と後ろ側を外表に合わせ、2枚一緒に縁編みを編みます。

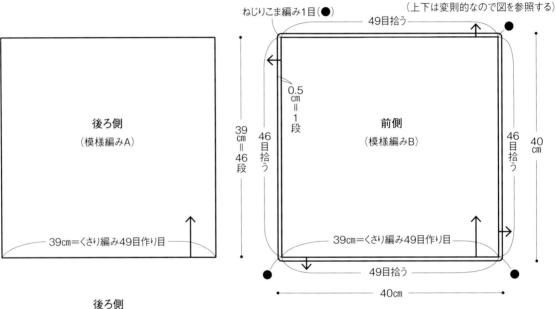

（縁編み）生成り
前側と後ろ側を外表に合わせ、
2枚一緒に編みつける
（上下は変則的なので図を参照する）

ねじりこま編み1目（●）

49目拾う

0.5cm＝1段

46目拾う

39cm＝46段

後ろ側
（模様編みA）

39cm＝くさり編み49目作り目

46目拾う

前側
（模様編みB）

46目拾う

40cm

49目拾う

39cm＝くさり編み49目作り目

40cm

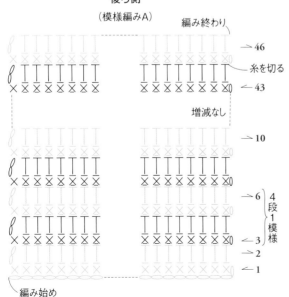

後ろ側
（模様編みA）

編み終わり

→46

糸を切る

←43

増減なし

→10

→6 ┐4段1模様
→3 ┘

→2

→1

編み始め

※1段めはくさり編みの裏側の山に編みつける

╳ ＝うね編み

Ｉ ＝中長編みのうね編み

ʃ ＝長々編み表引き上げ編み
　　（3段下の中長編みに編みつける）

ⵜ ＝ねじりこま編み

ⵜ ＝ねじりこま編みのすじ編み

48

前側、縁編み

（縁編み）生成り

前側は向こう側の1本
後ろ側は手前側の1本を
拾って編む

前側のみに
編む

編み終わり

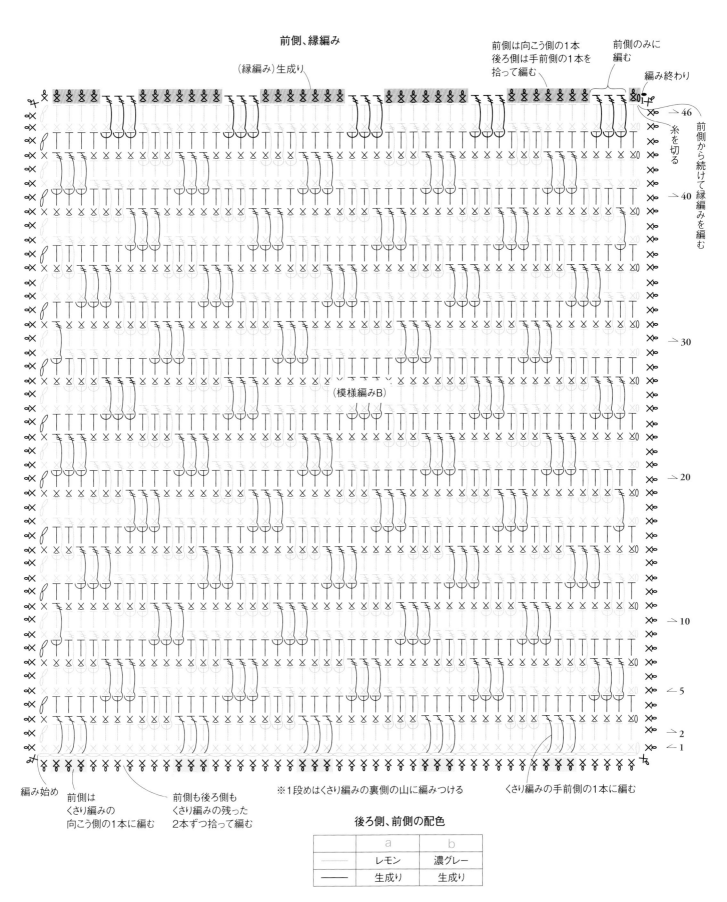

→46

糸を切る

前側から続けて縁編みを編む

→40

→30

（模様編みB）

→20

→10

→5

→2

→1

編み始め

前側は
くさり編みの
向こう側の1本に編む

前側も後ろ側も
くさり編みの残った
2本ずつ拾って編む

※1段めはくさり編みの裏側の山に編みつける

くさり編みの手前側の1本に編む

後ろ側、前側の配色

	a	b
———	レモン	濃グレー
━━━	生成り	生成り

49

5 ブロック模様 写真／12-13ページ

- **●糸** ハマナカ ジャンボニー（50g玉巻）
  グレー（28）450g
- **●針** ハマナカ アミアミ竹製かぎ針8mm
- **●サイズ** 41cm角
- **●ゲージ** 模様編みA、B
  8.5目×5.5段＝10cm角

●編み方 糸は1本どりで編みます。

1 後ろ側はくさり編み22目を作り目し、模様編みA
で角を増減しながら21段編みます。

2 前側も同様に作り目し、模様編みBで21段編みます。

3 前側から続けて、前側と後ろ側を外表に合わせ、2
枚一緒に縁編みを編みます。

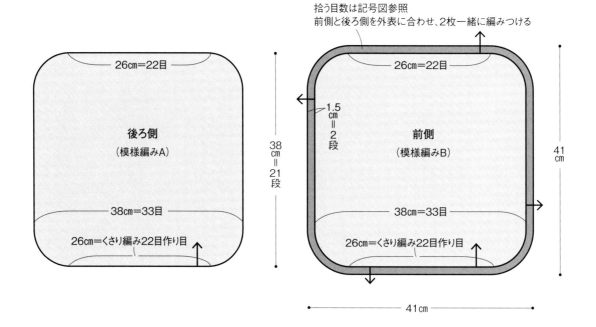

（縁編み）
拾う目数は記号図参照
前側と後ろ側を外表に合わせ、2枚一緒に編みつける

後ろ側
（模様編みA）

26cm＝22目

38cm＝33目

26cm＝くさり編み22目作り目

38cm＝21段

前側
（模様編みB）

26cm＝22目

38cm＝33目

26cm＝くさり編み22目作り目

41cm

1.5cm＝2段

41cm

の編み方

1 長編みを編む。

2 隣の長編みの足に中長編み4目
の変わり玉編み（93ページ参
照）を編むが、最後の目を引き
抜くときは、編んだ目が横を向
くようにゆるめに引き抜く。

3 引き抜いたところ。1と2をく
り返して編む。

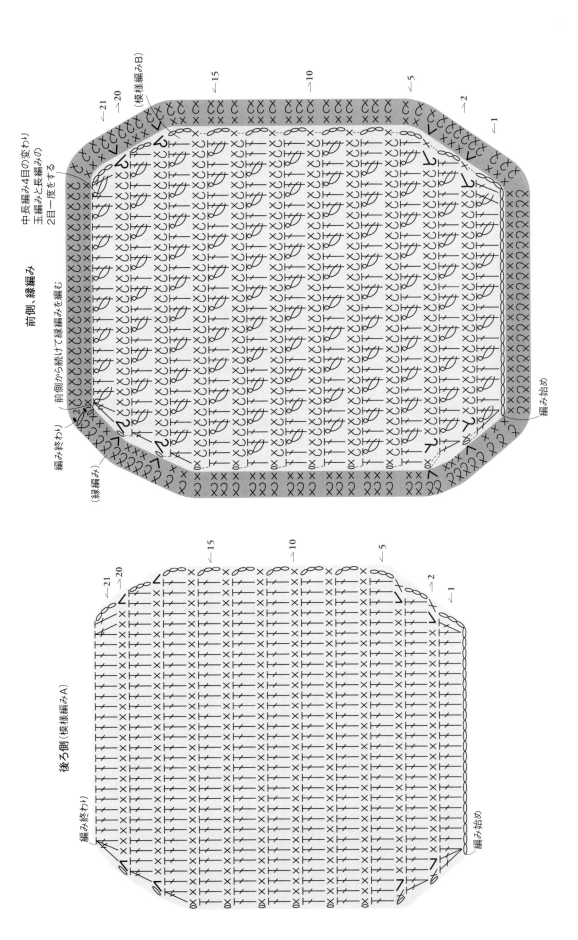

前側、縁編み

中長編み4目の変わり
玉編みと長編みの
2目一度をする

(模様編みB)

前側から続けて縁編みを編む

編み終わり

(縁編み)

→21
→20
→15
→10
→5
→2
→1

編み始め

後ろ側(模様編みA)

編み終わり

編み始め

→21
→20
→15
→10
→5
→2
→1

∨ = ⊻ こま編み2目編み入れる

∧ = ⋀ こま編み2目一度

⇞ =長編みの足に中長編み4目の変わり玉編みを編みつける(50ページの写真参照)

⋉ =こま編み裏引き上げ編み

↑ = ⊻ 裏側を見て、こま編み表引き上げ編みと2目を編み入れる

↑ = ⋌ =裏側を見て、こま編み表引き上げ編みとこま編み2目を編み入れる

↑ = ⋋ =裏側を見て、こま編みとこま編み表引き上げ編み2目一度

↑ = ⋌ =裏側を見て、こま編みとこま編み表引き上げ編みの2目一度

7 ドーナツ 写真／16ページ

- **●糸** ハマナカボニー（50g玉巻）
  ナチュラルダークブラウン（615）280g
- **●針** ハマナカ アミアミ
  両かぎ針ラクラク7.5/0号
- **●サイズ** 直径39cmのドーナツ形
- **●ゲージ** 模様編み　15.5段＝10cm

●編み方　糸は1本どりで編みます。

1 後ろ側はくさり編み48目を作り目し、模様編みで目を増しながら往復に21段編み、続けて前側は目を減らしながら21段編みます。

2 前側と後ろ側を折り山から外表に折り、残しておいた糸ですくいとじで輪にします。

3 2枚一緒に中央の穴の内側に縁編みを編みます。

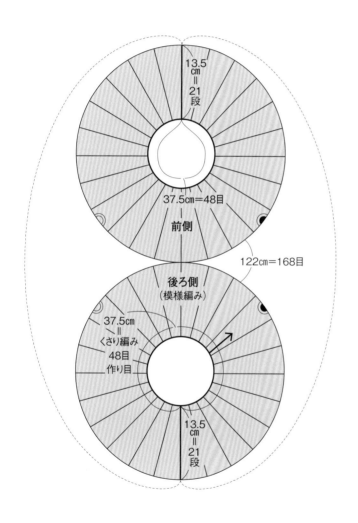

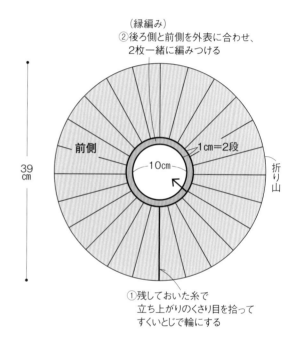

（縁編み）
②後ろ側と前側を外表に合わせ、
2枚一緒に編みつける

前側

39cm

1cm＝2段

10cm

折り山

①残しておいた糸で
立ち上がりのくさり目を拾って
すくいとじで輪にする

X ＝うね編み

V＝X うね編み2目編み入れる

∧＝∧ うね編み2目一度

＝長編み表引き上げ編み

X ＝こま編み表引き上げ編み

後ろ側、前側、縁編み

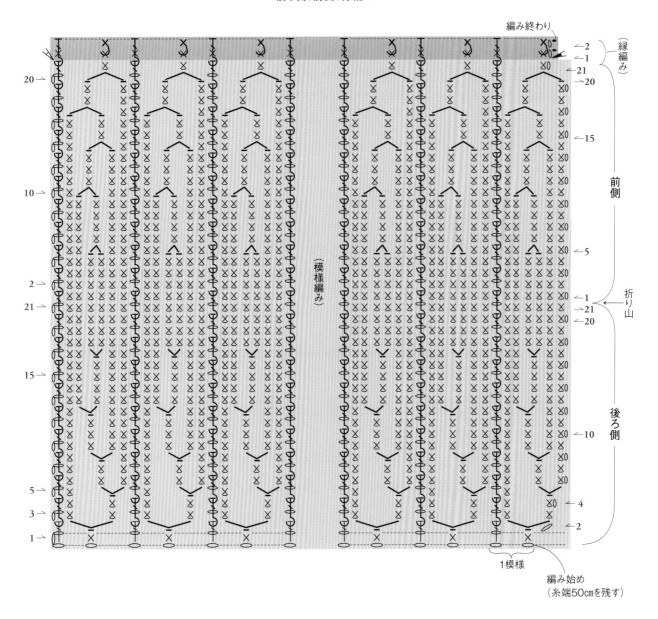

編み終わり

←2
←1 (縁編み)
←21
→20

←15 前側

←1
→21 折り山
←20 後ろ側

←10

←5

←4

←2
編み始め
（糸端50cmを残す）

1模様

後ろ側、前側の目数と増し方・減らし方

	段	目数	増し方・減らし方
前側	21	48目	増減なし
	20	48目	24目減らす
	18・19	72目	増減なし
	17	72目	24目減らす
	15・16	96目	増減なし
	14	96目	24目減らす
	11〜13	120目	増減なし
	10	120目	24目減らす
	6〜9	144目	増減なし
	5	144目	24目減らす
	1〜4	168目	増減なし

	段	目数	増し方・減らし方
後ろ側	18〜21	168目	増減なし
	17	168目	24目増す
	13〜16	144目	増減なし
	12	144目	24目増す
	9〜11	120目	増減なし
	8	120目	24目増す
	6・7	96目	増減なし
	5	96目	24目増す
	3・4	72目	増減なし
	2	72目	24目増す
	1	48目編み入れる	

＝糸をつける

＝糸を切る

53

8 ラグ風 写真／17ページ

●糸　ハマナカボニー（50g玉巻）
　　　ナチュラルグレー（616）360g
●針　ハマナカ アミアミ
　　　両かぎ針ラクラク10/0号
●サイズ　直径36cm
●ゲージ　こま編みリング編み、こま編み
　　　　　2段＝2.1cm

●編み方　糸は2本どりで編みます。
1　前側は糸端を輪にし、こま編みリング編みで16段
　　編みます。リングのある裏を表側にします。
2　後ろ側も同様に作り目し、こま編みで16段編みます。
3　後ろ側から続けて、後ろ側と前側を外表に合わせ、
　　2枚一緒に縁編みを編みます。

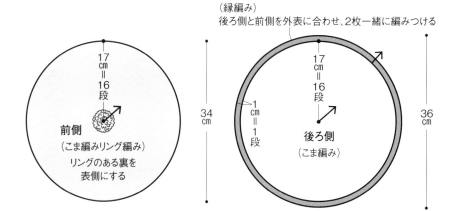

（縁編み）
後ろ側と前側を外表に合わせ、2枚一緒に編みつける

前側
（こま編みリング編み）
リングのある裏を
表側にする

17cm＝16段

34cm

後ろ側
（こま編み）

17cm＝16段
1cm＝1段

36cm

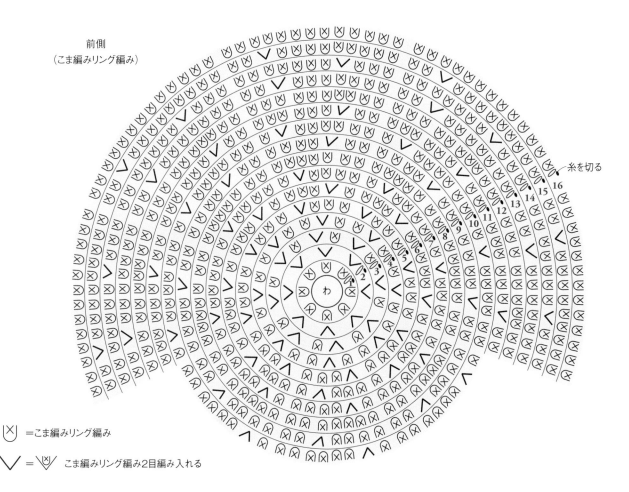

前側
（こま編みリング編み）

糸を切る

⦸ ＝こま編みリング編み

∨ ＝ こま編みリング編み2目編み入れる

54

後ろ側、縁編み

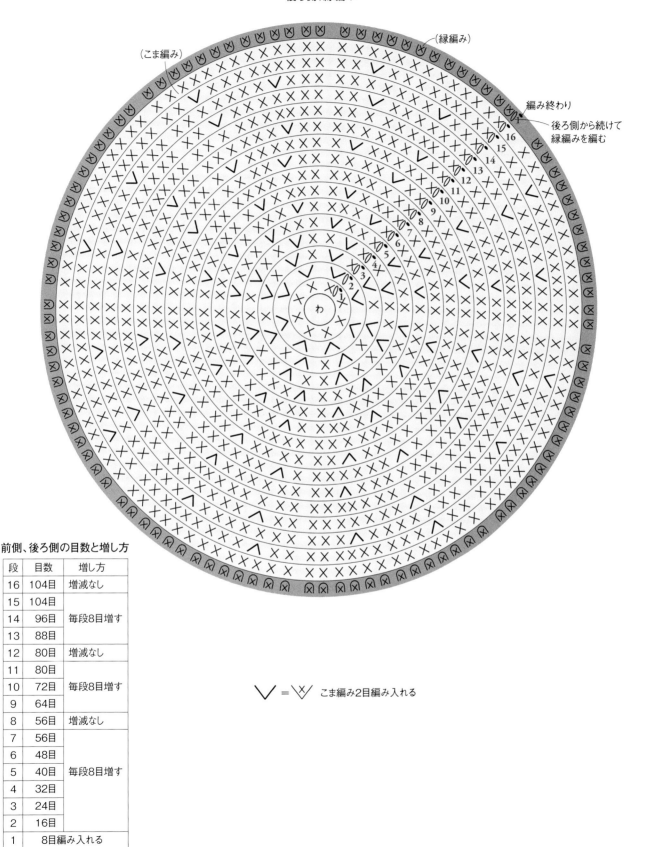

（こま編み）　（縁編み）

編み終わり

後ろ側から続けて
縁編みを編む

わ

前側、後ろ側の目数と増し方

段	目数	増し方
16	104目	増減なし
15	104目	
14	96目	毎段8目増す
13	88目	
12	80目	増減なし
11	80目	
10	72目	毎段8目増す
9	64目	
8	56目	増減なし
7	56目	
6	48目	
5	40目	毎段8目増す
4	32目	
3	24目	
2	16目	
1	8目編み入れる	

∨ = ＼Ｘ／ こま編み2目編み入れる

11 コイル編みモチーフ 写真／20-21ページ

●糸　ハマナカボニー（50g玉巻）
　　生成り（442）280g
●針　ハマナカ アミアミ
　　両かぎ針ラクラク7.5/0号
●サイズ　35cm×32cm
●モチーフの大きさ　1辺が4cmの六角形

●編み方　糸は1本どりで編みます。
1 モチーフは糸端を輪にし、図のように3段編みます。
2 2枚めからは最終段で針を入れかえて、コイル編み（6回巻き）でつなぎながら、前側と後ろ側をそれぞれ19枚編みます。
3 前側と後ろ側を外表に合わせ、2枚一緒に縁編みを編みます。

前側、後ろ側
（モチーフつなぎ）各19枚

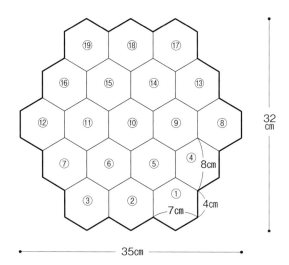

※①〜⑲の順に編みつなぐ

（縁編み）
前側と後ろ側を
外表に合わせ、
2枚一緒に編みつける

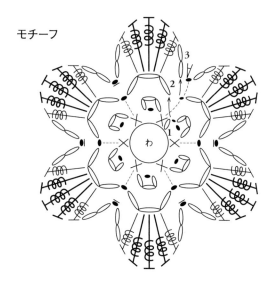

モチーフ

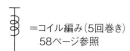

=コイル編み（5回巻き）
58ページ参照

=コイル編み（6回巻き）
5回巻きと同じ要領で編む

=引き抜き編みのすじ編み

=糸をつける

=糸を切る

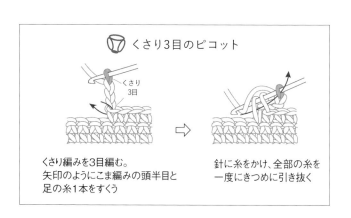

くさり3目のピコット

くさり編みを3目編む。
矢印のようにこま編みの頭半目と
足の糸1本をすくう

針に糸をかけ、全部の糸を
一度にきつめに引き抜く

モチーフのつなぎ方と縁編み

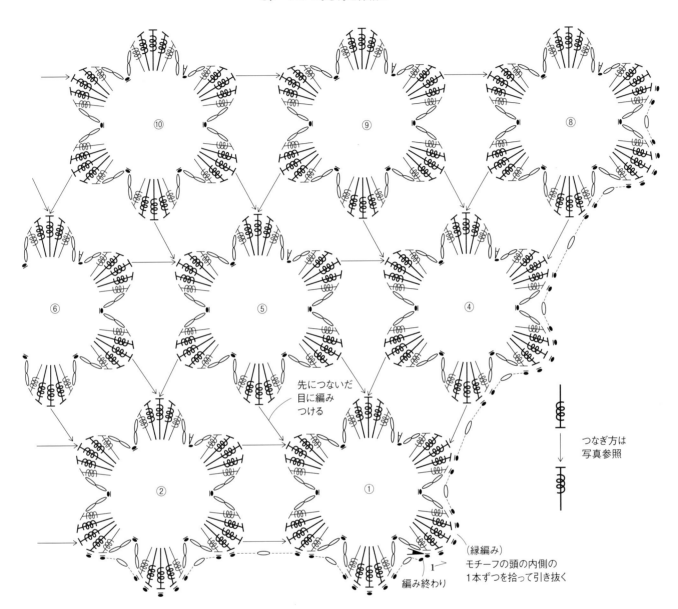

先につないだ
目に編み
つける

つなぎ方は
写真参照

(縁編み)
モチーフの頭の内側の
1本ずつを拾って引き抜く

編み終わり

モチーフのつなぎ方

2枚め　　　　　　1枚め

1　モチーフをつなぐ手前のコイル
編みを編んだら針をはずし、1
枚めのモチーフから針を入れる。

2　はずした目を針に戻し、目を引
き出す。

3　2枚めのモチーフの続き（コイ
ル編み、6回巻き）を編む。コ
イル編みの中央の目がつながる。

コイル編み♦の編み方

1　3段めのコイル編み（5回巻き）は、針に糸を5回巻きつける。

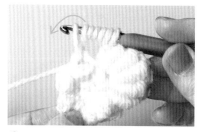

2　前段のくさり編みに針を入れ、糸をかけてくさり編み3目の高さまでのばし、巻いた糸を1本かぶせる。

3　1回かぶせたところ。

4　同じ要領で残りの糸もすべてかぶせる。

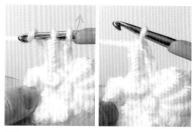

5　5回かぶせたら針に糸をかけて、矢印のように引き抜く。コイル編みが1目編めた。

6　次のコイル編み（6回巻き）は、針に糸を6回巻きつけて同じ要領で編むが、2で5回巻きよりもやや長く糸を引き出す。

4　玉編みのスツールカバー　写真／10-11ページ

裏面

- ●糸　ハマナカボニー（50g玉巻）
  - a　グレー（486）170g
  - b　黒（402）170g
- ●針　ハマナカアミアミ
  - 両かぎ針ラクラク7.5/0号
- ●その他　幅0.6cmのゴムテープ70cm
- ●サイズ　直径34cm
- ●ゲージ　模様編み　7段＝10cm

- ●編み方　糸は1本どりで編みます。
1　糸端を輪にし、模様編みで表側を12段編みます。
2　折り返し分を4段編みますが、折り返し分の最終段は輪にしたゴムテープを編みくるみます。

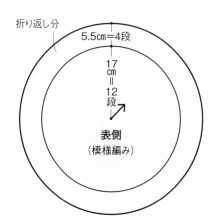

折り返し分
5.5cm＝4段
17cm＝12段
表側
（模様編み）
45cm

折り返し分
裏側
34cm
最終段で輪にしたゴムテープを編みくるむ

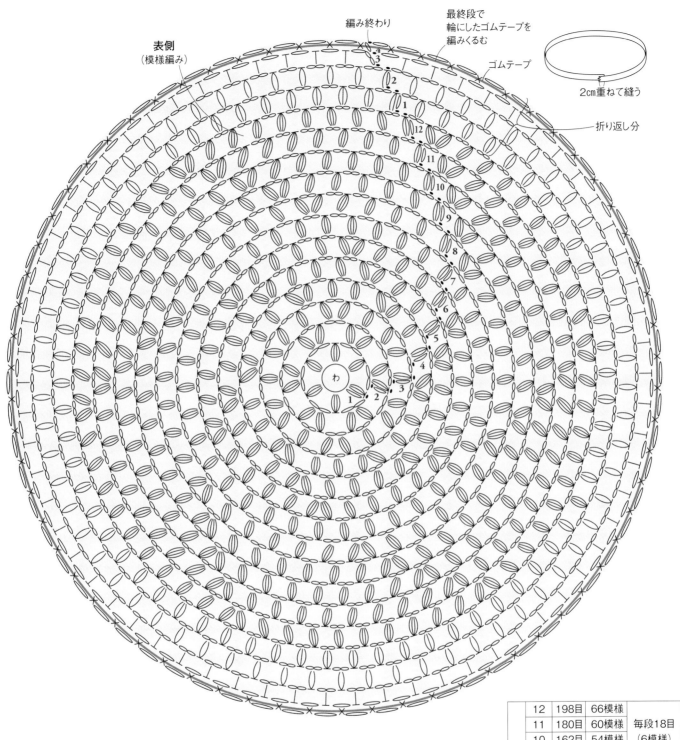

表側
（模様編み）

編み終わり

最終段で
輪にしたゴムテープを
編みくるむ

ゴムテープ

2cm重ねて縫う

折り返し分

わ

模様編みの増し方・減らし方

	段	目数	模様数	増し方・減らし方
折り返し分	4	132目	66模様	増減なし
	3	132目	66模様	66目減らす
	1・2	198目	66模様	増減なし

	12	198目	66模様	毎段18目
	11	180目	60模様	（6模様）
	10	162目	54模様	ずつ増す
	9	144目	48模様	
	8	126目	42模様	
表側	7	108目	36模様	増減なし
	6	108目	36模様	毎段18目
	5	90目	30模様	（6模様）
	4	72目	24模様	ずつ増す
	3	54目	18模様	
	2	36目	12模様	
	1	18目（6模様）編み入れる		

12 花のドイリー風 写真／22-23ページ

●糸　ハマナカボニー（50g玉巻）
　　　生成り（442）290g
　　　レモン（432）20g
●針　ハマナカ アミアミ
　　　両かぎ針ラクラク7.5/0号
●サイズ　40cm×35cm
●ゲージ　模様編みB　11段＝10cm
　　　　　模様編みB'　10.5段＝10cm

●編み方　糸は1本どりで、指定の配色で編みます。
1 後ろ側は糸端を輪にし、模様編みAで4段、模様編みBで15段編みます。
2 前側も同様に作り目し、模様編みA'で4段、模様編みB'で15段編みます。
3 前側から続けて、前側と後ろ側を外表に合わせ、2枚一緒に縁編みを編みます。

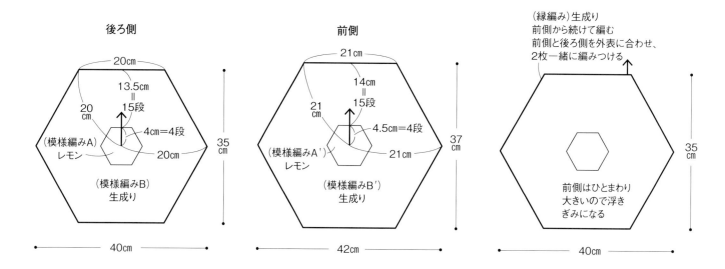

後ろ側
20cm
13.5cm＝15段
20cm
4cm＝4段
20cm
35cm
（模様編みA）レモン
（模様編みB）生成り
40cm

前側
21cm
14cm＝15段
21cm
21cm
4.5cm＝4段
21cm
37cm
（模様編みA'）レモン
（模様編みB'）生成り
42cm

（縁編み）生成り
前側から続けて編む
前側と後ろ側を外表に合わせ、
2枚一緒に編みつける
35cm
前側はひとまわり大きいので浮きぎみになる
40cm

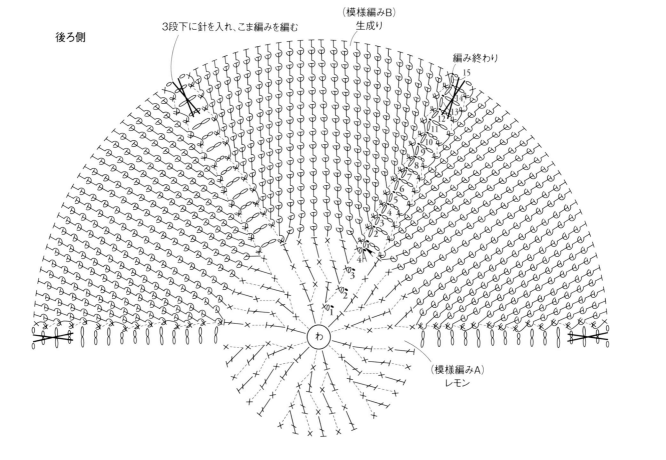

後ろ側
3段下に針を入れ、こま編みを編む
（模様編みB）生成り
編み終わり
（模様編みA）レモン
わ

60

前側、縁編み

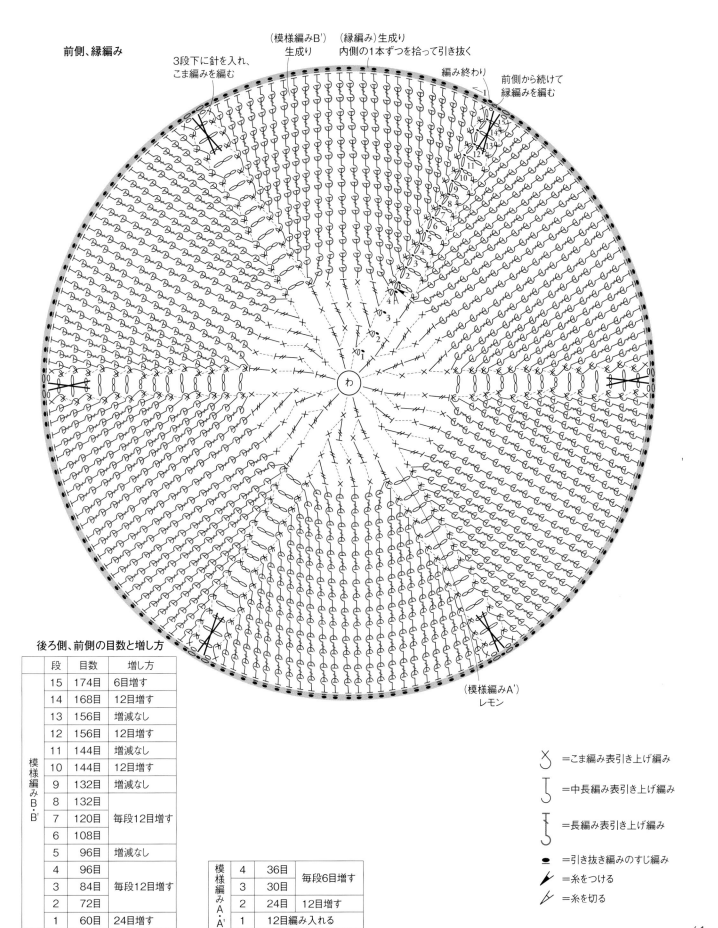

3段下に針を入れ、こま編みを編む

（模様編みB'）生成り

（縁編み）生成り内側の1本ずつを拾って引き抜く

編み終わり

前側から続けて縁編みを編む

（模様編みA'）レモン

後ろ側、前側の目数と増し方

段	目数	増し方
15	174目	6目増す
14	168目	12目増す
13	156目	増減なし
12	156目	12目増す
11	144目	増減なし
10	144目	12目増す
9	132目	増減なし
8	132目	
7	120目	毎段12目増す
6	108目	
5	96目	増減なし
4	96目	
3	84目	毎段12目増す
2	72目	
1	60目	24目増す

（段1〜15は模様編みB・B'）

模様編みA・A'	4	36目	毎段6目増す
	3	30目	
	2	24目	12目増す
	1	12目編み入れる	

$\rotatebox{90}{S}$ =こま編み表引き上げ編み

$\rotatebox{90}{J}$ =中長編み表引き上げ編み

$\rotatebox{90}{T}$ =長編み表引き上げ編み

● =引き抜き編みのすじ編み

✎ =糸をつける

✎ =糸を切る

13 透かし模様 写真／24ページ

● **糸** ハマナカボニー（50g玉巻）
　　　グレー（486）280g
　　　生成り（442）40g
● **針** ハマナカ アミアミ
　　　両かぎ針ラクラク7.5/0号
● **サイズ** 41cm角
● **ゲージ** 模様編み
　　　15目×7.5段＝10cm角

● **編み方** 糸は1本どりで、指定の配色で編みます。
1 後ろ側は糸端を輪にし、模様編みで14段編みます。
2 前側は同じものを編みます。
3 前側と後ろ側を同じ向きに重ね、前側から2枚一緒に縁編みを編みます。

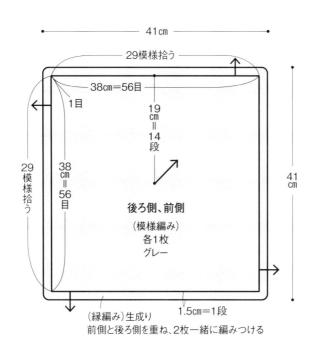

41cm

29模様拾う

38cm＝56目

19cm＝14段

1目

29模様拾う

38cm＝56目

41cm

後ろ側、前側
（模様編み）
各1枚
グレー

1.5cm＝1段

（縁編み）生成り
前側と後ろ側を重ね、2枚一緒に編みつける

前側、後ろ側の重ね方

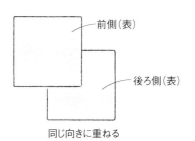

前側（表）

後ろ側（表）

同じ向きに重ねる

縁編み の編み方

1 こま編み1目、くさり編み3目を編む。

2 1で編んだこま編みの足を全部すくって中長編み3目の玉編みを編む（写真は未完成の中長編みの2目めを編むところ）。

3 中長編み3目の玉編みを編んだところ。1と2をくり返す。

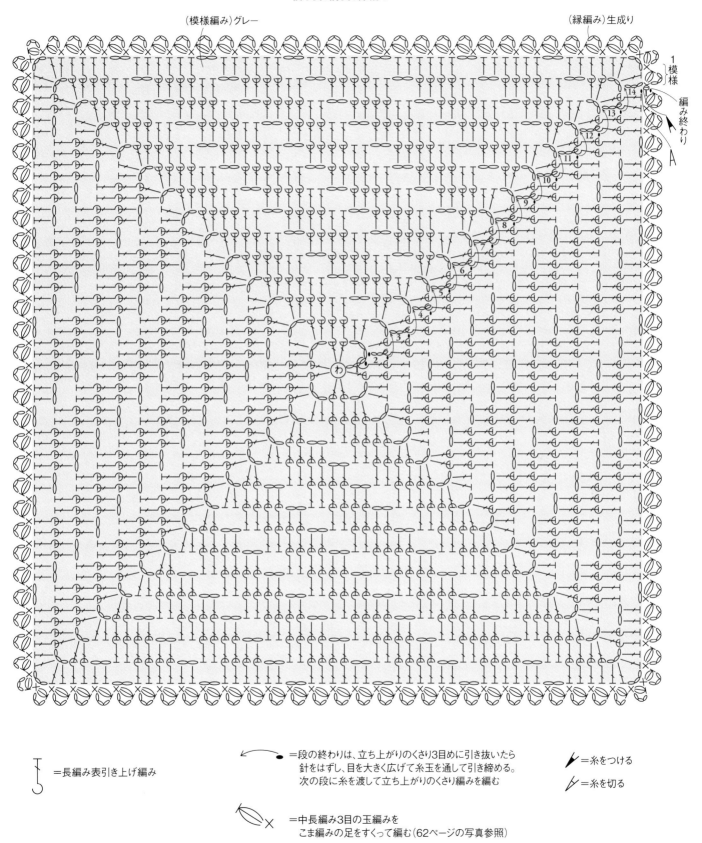

（模様編み）グレー

（縁編み）生成り

1模様

編み終わり

A

14
13
12
11
10
9
8
6
5
4
3
2
1

わ

=長編み表引き上げ編み

=段の終わりは、立ち上がりのくさり3目めに引き抜いたら
針をはずし、目を大きく広げて糸玉を通して引き締める。
次の段に糸を渡して立ち上がりのくさり編みを編む

=糸をつける

=糸を切る

=中長編み3目の玉編みを
こま編みの足をすくって編む（62ページの写真参照）

表面

●糸　ハマナカボニー（50g玉巻）
　　生成り（442）150g
●針　ハマナカ アミアミ
　　両かぎ針ラクラク7.5／0号
●その他　幅0.6cmのゴムテープ70cm
●サイズ　直径34cm
●モチーフの大きさ　直径9cm

●編み方　糸は1本どりで編みます。
1 モチーフは糸端を輪にし、図のように3段編みます。
2 2枚めからは最終段で、針を入れかえて長編みでつなぎながら編みます。
3 モチーフ19枚をつなぎ合わせたら、輪にしたゴムテープを編みくるみながら縁編みを編みます。

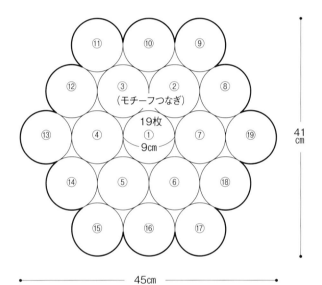

（モチーフつなぎ）
19枚
①
9cm

41cm

45cm

※①から⑲の順に編みつなぐ

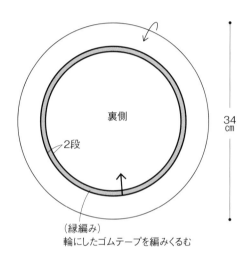

裏側

2段

34cm

（縁編み）
輪にしたゴムテープを編みくるむ

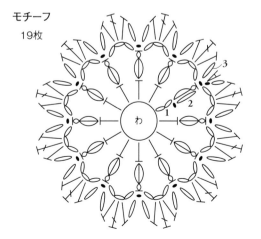

モチーフ
19枚

わ

＝糸をつける

＝糸を切る

＝中長編み2目の変わり玉編み（93ページ参照）

＝中長編み3目の変わり玉編み（93ページ参照）

モチーフのつなぎ方と縁編み

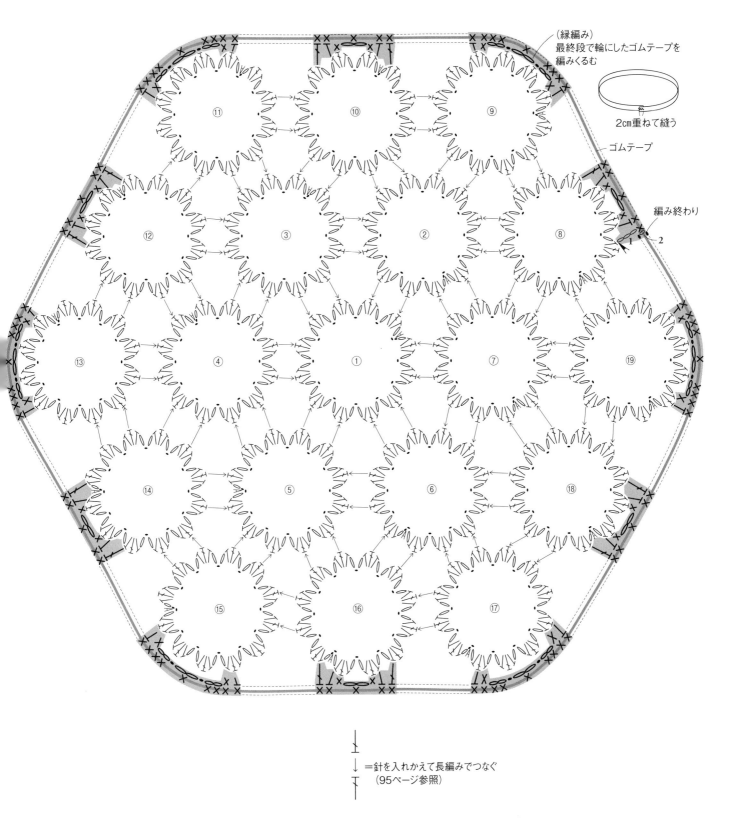

（縁編み）
最終段で輪にしたゴムテープを
編みくるむ

2㎝重ねて縫う

ゴムテープ

編み終わり

↓＝針を入れかえて長編みでつなぐ
（95ページ参照）

15 ジグザグ模様 写真／26-27ページ

● 糸　ハマナカボニー（50g玉巻）
　　　生成り（442）165g
　　　薄茶（480）160g
● 針　ハマナカ アミアミ
　　　両かぎ針ラクラク7.5/0号
● サイズ　42cm角
● ゲージ　模様編みA、B
　　　　　1模様＝10cm　7.5段＝10cm

● 編み方　糸は1本どりで、指定の配色で編みます。
1　後ろ側は生成りで図のように作り目し、模様編み
　Aで角を増減しながら30段編みます。
2　前側も同様に作り目し、模様編みBで30段編みます。
3　前側と後ろ側を外表に合わせ、前側の指定の位置
　に糸をつけて2枚一緒に縁編みを編みます。

（縁編み）生成り
拾う目数は記号図参照
前側と後ろ側を外表に合わせ、2枚一緒に編みつける

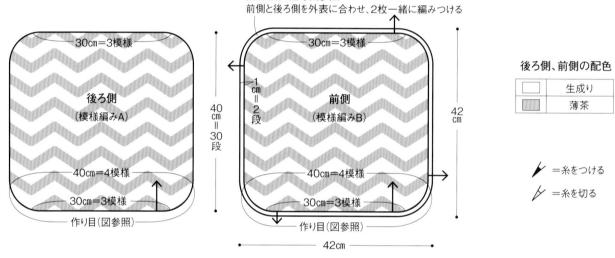

後ろ側
（模様編みA）

30cm＝3模様
40cm＝4模様
30cm＝3模様
作り目（図参照）

40cm＝30段

前側
（模様編みB）

30cm＝3模様
40cm＝4模様
30cm＝3模様
作り目（図参照）

1cm＝2段
42cm
42cm

後ろ側、前側の配色

□	生成り
▨	薄茶

╱ ＝糸をつける
╱ ＝糸を切る

◊ ＝中長編み3目の変わり玉編み
　　（93ページ参照）

∨ ＝ こま編み3目編み入れる

∧ ＝ こま編み3目一度

∨ ＝ こま編み2目編み入れる

∧ ＝ こま編み2目一度

X ＝こま編みのすじ編み

∧ ＝ こま編みのすじ編み2目一度

∧ ＝ こま編みのすじ編み3目一度

∨ ＝ こま編みのすじ編み3目編み入れる

∨ ＝ こま編みのすじ編み2目編み入れる

∧ ＝ こま編みとこま編みのすじ編み
　　　2目一度

X ＝ねじりこま編み

作り目の編み方

1　くさり編みを15目編んだら、
立ち上がりのくさり編みを1目
編み、くさり編みの裏側の山に
針を入れて、「こま編み3目編み
入れる」と引き抜き編みを編む。

2　作り目の続きのくさり編みを編
む。1で編んだ「こま編み3目
編み入れる」は裏側を向く。指
定の位置で1の要領で編む。

後ろ側

糸を渡す

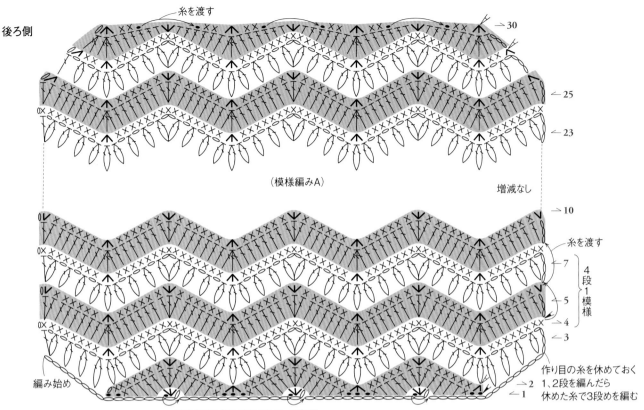

→30

←25

←23

（模様編みA）

増減なし

→10

糸を渡す

7
5
4
3

4段1模様

編み始め

→2
←1

※作り目の編み方は66ページ参照

作り目の糸を休めておく
1、2段を編んだら
休めた糸で3段めを編む

前側、縁編み

編み終わり
（縁編み）

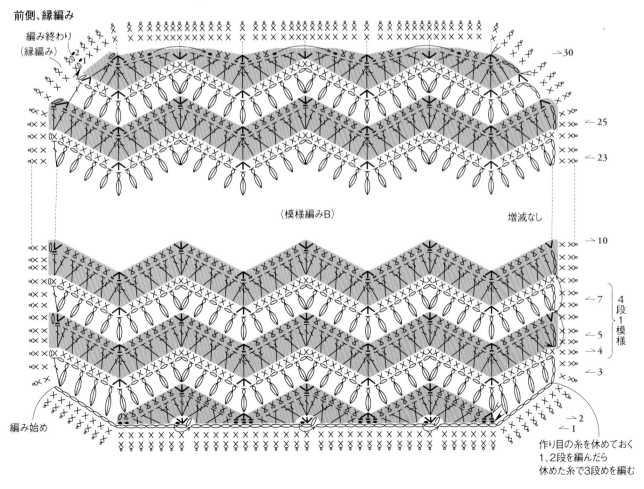

→30

←25

←23

（模様編みB）

増減なし

→10

←7
←5
→4
←3

4段1模様

編み始め

→2
←1

作り目の糸を休めておく
1、2段を編んだら
休めた糸で3段めを編む

16 格子柄 写真／28-29ページ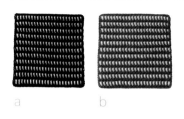

●糸　ハマナカボニー（50g玉巻）
　a　ナチュラルグレー（616）、
　　　黒（402）各180g
　b　生成り（442）、
　　　グレイッシュブルー（610）各180g
●針　ハマナカ アミアミ
　　　両かぎ針ラクラク7.5/0号
●サイズ　38cm角
●ゲージ　模様編み
　　　12.5目×12段＝10cm角

●編み方
糸は1本どりで、指定の配色で編みます。
1　後ろ側はくさり編み47目を作り目し、模様編みで44段編みます。
2　前側は同じものを編みます。
3　前側から続けて、前側と後ろ側を外表に合わせ、2枚一緒に縁編みを編みます。

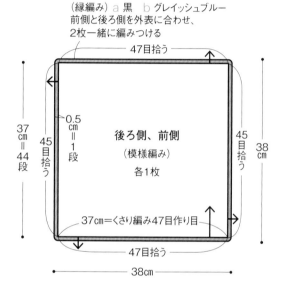

（縁編み）a 黒　b グレイッシュブルー
前側と後ろ側を外表に合わせ、
2枚一緒に編みつける

47目拾う
後ろ側、前側
（模様編み）
各1枚
0.5cm＝1段
37cm＝44段
45目拾う
45目拾う
38cm
37cm＝くさり編み47目作り目
47目拾う
38cm

後ろ側、前側の配色

	a	b
——	黒	グレイッシュブルー
——	ナチュラルグレー	生成り

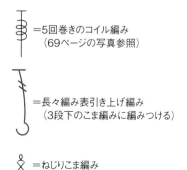

＝5回巻きのコイル編み
（69ページの写真参照）

＝長々編み表引き上げ編み
（3段下のこま編みに編みつける）

＝ねじりこま編み

後ろ側、前側、縁編み

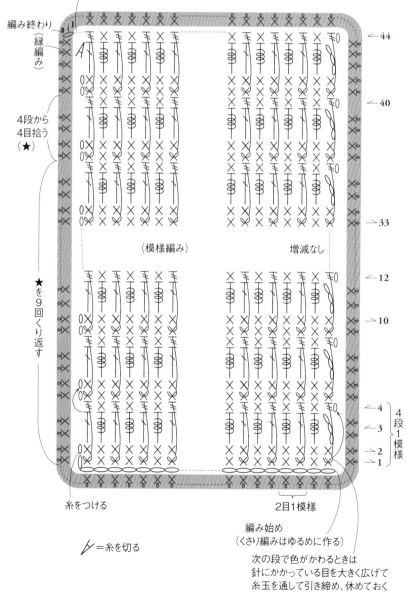

前側から続けて縁編みを編む
編み終わり
（縁編み）
4段から4目拾う（★）
★を9回くり返す
A
（模様編み）
増減なし
←44
←40
→33
←12
←10
→4
→3
→2
→1
4段1模様
糸をつける
2目1模様
編み始め
（くさり編みはゆるめに作る）
次の段で色がかわるときは
針にかかっている目を大きく広げて
糸玉を通して引き締め、休めておく

＝糸を切る

模様編みの編み方

1　指定の色で1段めをこま編みで編んだら針をいったんはずし、目を大きく広げて糸玉を通して引き締め、糸を休めておく。

裏側

2　指定の色の糸をつけ、裏側から2段めをこま編みで編む。

3　3段め。立ち上がりのくさり編みを3目編み、針に糸を5回巻きつける。

4　2段めのこま編みの頭に針を入れ、糸をかけてくさり編み3目の高さまでのばし、巻いた糸を1本かぶせる。

5　1回かぶせたところ。同じ要領で残りの糸もすべてかぶせる。

6　5回かぶせたところ。

7　5回かぶせたら針に糸をかけて、矢印のように引き抜く。

8　コイル編みが1目編めた。

9　長編みとコイル編みを1目ずつくり返して3段めを編む。端まで編んだら、1と同様に糸を休める。

10　4段めは1で休めておいた糸を渡し、長々編み表引き上げ編みとこま編みを編む。写真は針に糸を2回巻きつけたところ。

11　1段めのこま編みの足を表側からすくい、長々編み表引き上げ編みを編む。

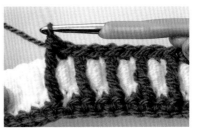

12　長々編み表引き上げ編みの間に前段のコイル編みが入り、模様ができる。

17 ケーブル 写真／30ページ

●**糸** ハマナカジャンボニー（50g玉巻）
生成り（1）540g

●**針** ハマナカ アミアミ竹製かぎ針8mm

●**サイズ** 42cm×38cm

●**ゲージ** 中長編みのすじ編み、模様編み
10目×5.5段＝10cm角

●**編み方** 糸は1本どりで編みます。

1 くさり編み84目を作り目して輪にし、後ろ側を中
長編みのすじ編み、前側を模様編みで21段編みます。

2 前側と後ろ側を重ね、編み終わり側と編み始め側
それぞれを半目の巻きかがりではぎ合わせます。

※編み地が斜行したときは、巻きかがる前に形を整えてから
巻きかがります。

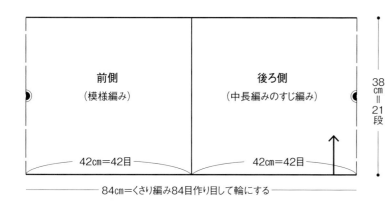

```
┃ ＝中長編みのすじ編み

┦ ＝長編み裏引き上げ編み

┦ ＝長編み表引き上げ編み

     長々編み
＝表引き上げ編み交差
編み方は写真参照
```

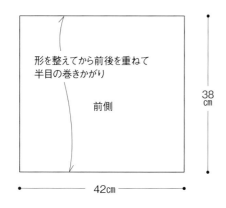

半目の巻きかがり

編み地を外表に合わせ、内側の
半目ずつをすくって引き締める

長々編み表引き上げ編み交差の編み方

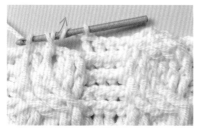

1 3目あけて、先の目に長々編み
表引き上げ編みを3目編む（写
真は1目めを編むところ）。

2 3目編んだところ。

3 手前の目に長々編み表引き上げ
編みを3目編む。

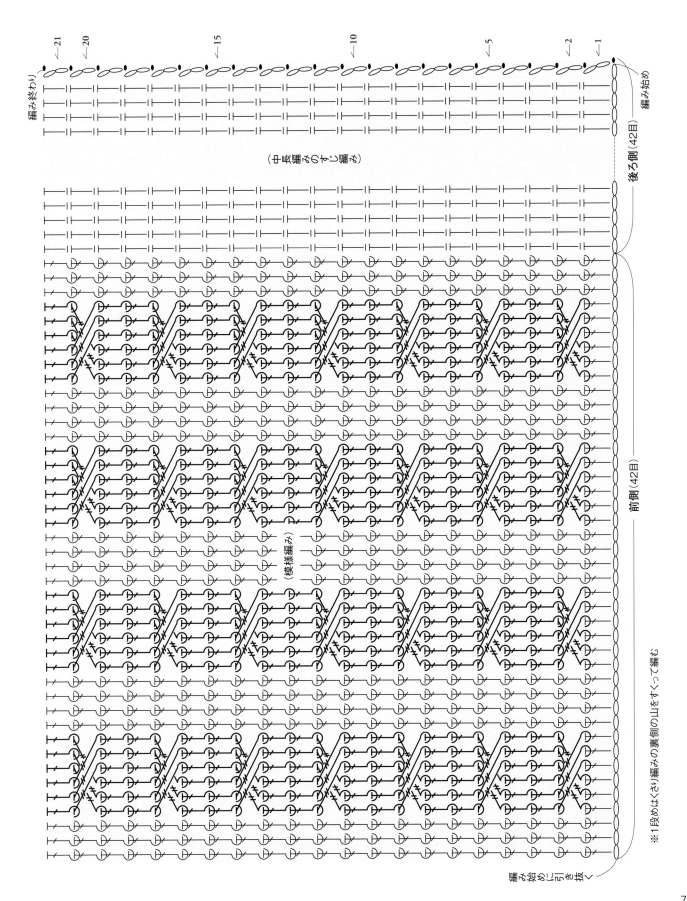

編み終わり

←21
←20
←15
←10
←5
←2
←1

編み始め

後ろ側（42目）

（中長編みのすじ編み）

前側（42目）

（模様編み）

編み始めに引き抜く

※1段めははくさり編みの裏側の山をすくって編む

18 ダイヤモンドワッフルステッチ 写真／31ページ

●糸　ハマナカボニー（50g玉巻）
生成り（442）265g
赤（404）175g
●針　ハマナカ アミアミ
両かぎ針ラクラク7.5/0号
●サイズ　41㎝角
●ゲージ　模様編み
13.5目×9.5段＝10㎝角

●編み方　糸は1本どりで、指定の配色で編みます。
1　前後側面は生成りでくさり編み112目を作り目して
輪にし、模様編みで37段編みます。
2　糸を続けて、前側と後ろ側を外表に重ね、上側に2
枚一緒に縁編みを編みます。
3　作り目側にも同様に縁編みを編みます。

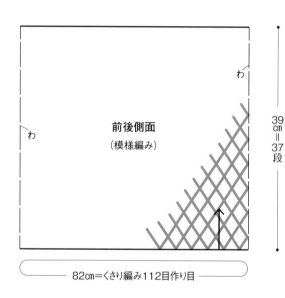

前後側面
（模様編み）

わ

わ

39㎝＝37段

82㎝＝くさり編み112目作り目

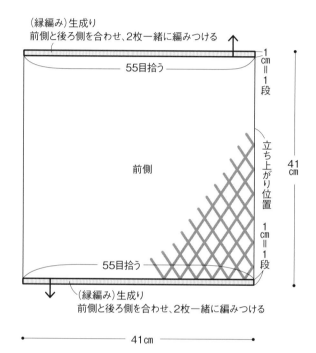

（縁編み）生成り
前側と後ろ側を合わせ、2枚一緒に編みつける

55目拾う

前側

立ち上がり位置

1㎝＝1段

1㎝＝1段

55目拾う

41㎝

41㎝

（縁編み）生成り
前側と後ろ側を合わせ、2枚一緒に編みつける

模様編みの編み方

1　奇数段は生成りと赤で、編んで
いない糸を編みくるみながら、
こま編みを編む。

2　色をかえるときは、その手前の
目を引き抜くときに糸をかえる。

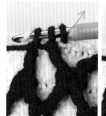

3　長々編み表引き上げ編み2目一
度は、前々段の足に表側から針
を入れ、未完成の長々編み表引
き上げ編みを2目編み、針に生成
りの糸をかけて一度に引き抜く。

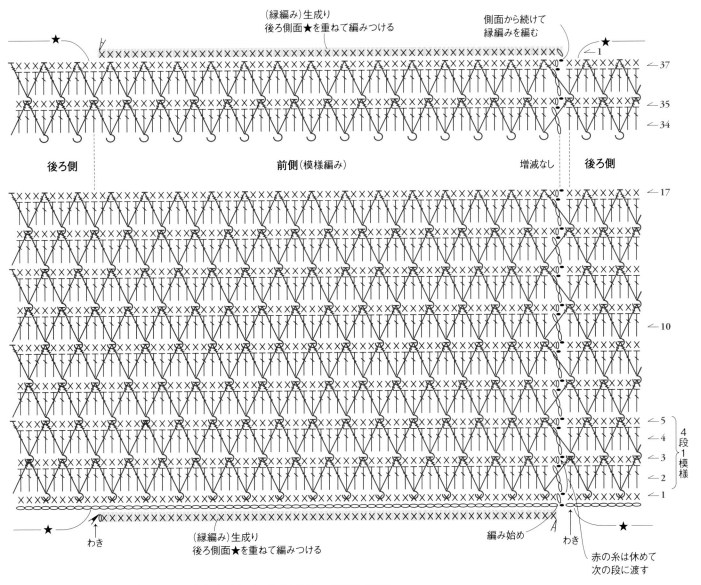

（縁編み）生成り
後ろ側面★を重ねて編みつける

側面から続けて
縁編みを編む

★ ←1

←37

←35

←34

後ろ側　　　前側（模様編み）　　　増減なし　後ろ側

←17

←10

←5
←4 ⎫ 4
←3 ⎬ 段
←2 ⎪ 1
←1 ⎭ 模様

わき

（縁編み）生成り
後ろ側面★を重ねて編みつける

編み始め　　　わき

A

★

赤の糸は休めて
次の段に渡す

※模様編みの奇数段は、編んでいない糸を編みくるみながら編む（72ページの写真参照）
　偶数段は、赤の糸は休める

模様編みの配色

—	生成り
—	赤

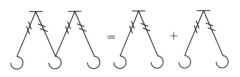

╱ ＝糸をつける

╱ ＝糸を切る

長々編み表引き上げ編み
2目一度を2回くり返す

20 引き上げ編み 写真／34-35ページ

●糸　ハマナカジャンボニー（50g玉巻）
　　　ベージュ（2）450g
●針　ハマナカ アミアミ竹製かぎ針8mm
●サイズ　40cm角
●ゲージ　模様編み　6.5段＝10cm

●編み方　糸は1本どりで編みます。
1　後ろ側は糸端を輪にし、模様編みで11段編みます。
2　前側は同じものを編みます。
3　前側から続けて、前側と後ろ側を外表に合わせ、2枚一緒に縁編みを編みます。

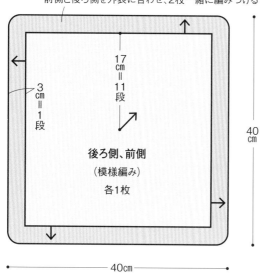

（縁編み）
拾う目数は記号図参照
前側と後ろ側を外表に合わせ、2枚一緒に編みつける

3cm＝1段

17cm＝11段

後ろ側、前側
（模様編み）
各1枚

40cm

40cm

＝長編みの玉編み表引き上げ編みを前々段に編む

＝長編みの玉編みを前段を編みくるみながら、前々段に編む

長編みの玉編み表引き上げ編みの編み方

1　針に糸をかけ、前々段の長編みの足に表側から針を入れ、未完成の長編みを1目編む。

2　同じところに未完成の長編みをもう1目編み、針に糸をかけて針にかかっているループを一度に引き抜く。

3　長編み2目の玉編み表引き上げ編みが編めたところ。

後ろ側、前側、縁編み

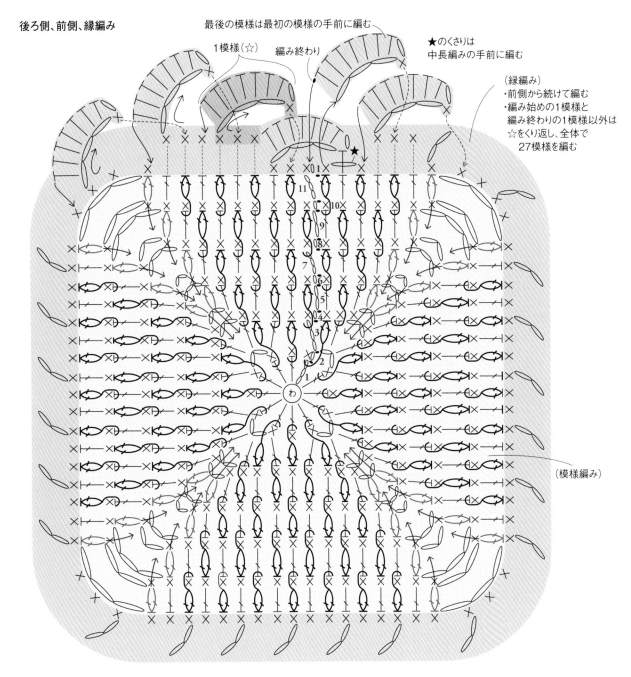

最後の模様は最初の模様の手前に編む

1模様（☆）　編み終わり

★のくさりは
中長編みの手前に編む

（縁編み）
・前側から続けて編む
・編み始めの1模様と
編み終わりの1模様以外は
☆をくり返し、全体で
27模様を編む

（模様編み）

縁編みの編み方

1　こま編み3目とくさり編み3目
を編む。

裏側

2　編み地を裏返し、4目戻ったと
ころにこま編み（縁編みの最初
は中長編み）を1目編み、立ち
上がりのくさり編みを1目編む。

3　編み地を表に返し、1で編んだ
くさり編みに中長編みを7目編
む。これが1模様。1〜3をく
り返して編む。

9・10 幾何学模様 A・B 写真／18-19ページ

9

10

●糸 ハマナカボニー（50g玉巻）
9 生成り（442）135g
群青（473）120g
10 濃グレー（481）145g
生成り（442）135g
●針 ハマナカ アミアミ
両かぎ針ラクラク7.5/0号
●サイズ 36㎝角
●ゲージ 模様編み 9 14目×13段＝10㎝角
10 14目×13.5段＝10㎝角

●編み方
糸は1本どりで、指定の配色で編みます。
1 前後側面を続けて編みます。生成りでくさり編み100目を作り目して輪にし、模様編みで増減なく編みます。
2 前側と後ろ側を合わせ、編み終わり側と編み始め側をそれぞれ半目の巻きかがり（70ページ参照）ではぎ合わせます。
※編み地が斜行したときは、巻きかがる前に形を整えてから巻きかがります。

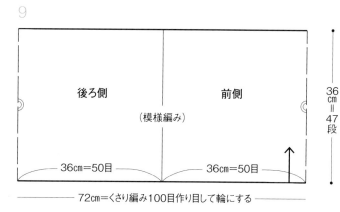

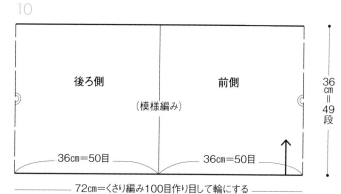

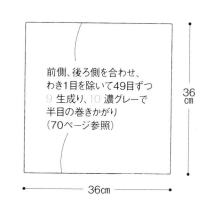

前側、後ろ側を合わせ、わき1目を除いて49目ずつ9 生成り、10 濃グレーで半目の巻きかがり（70ページ参照）

36㎝

模様編みの編み方（9で解説、10は同じ要領）

1 こま編みのすじ編みは、前段のこま編みの向こう側の1本をすくって編む。

2 中長編みは、針に糸をかけて前々段のすじ編みで残った糸1本に針を入れる。

3 中長編みを編んだところ。図を見ながら、1段ごとに色をかえて編む。

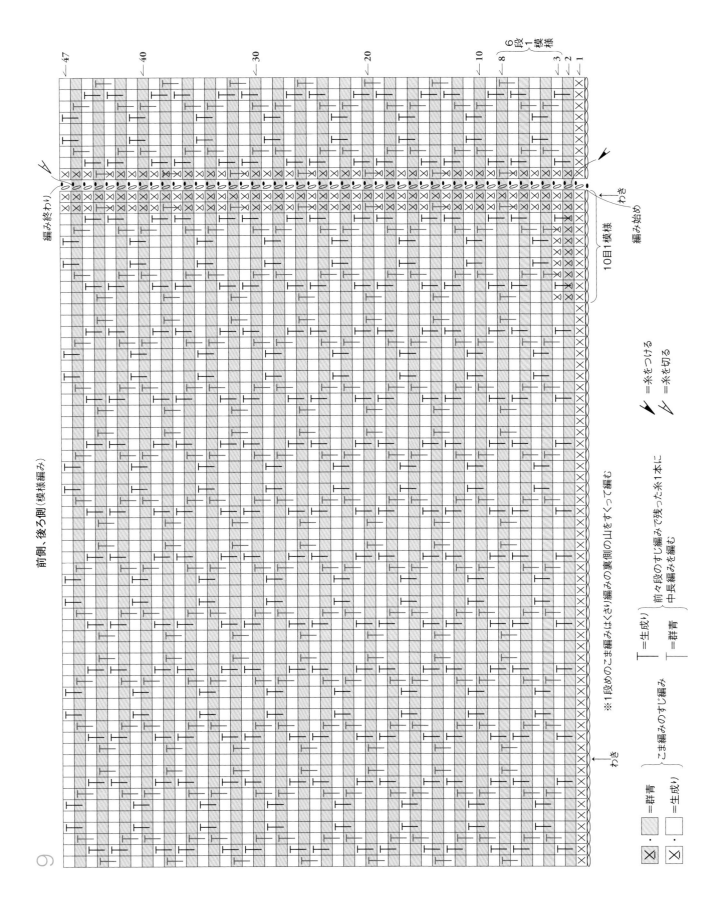

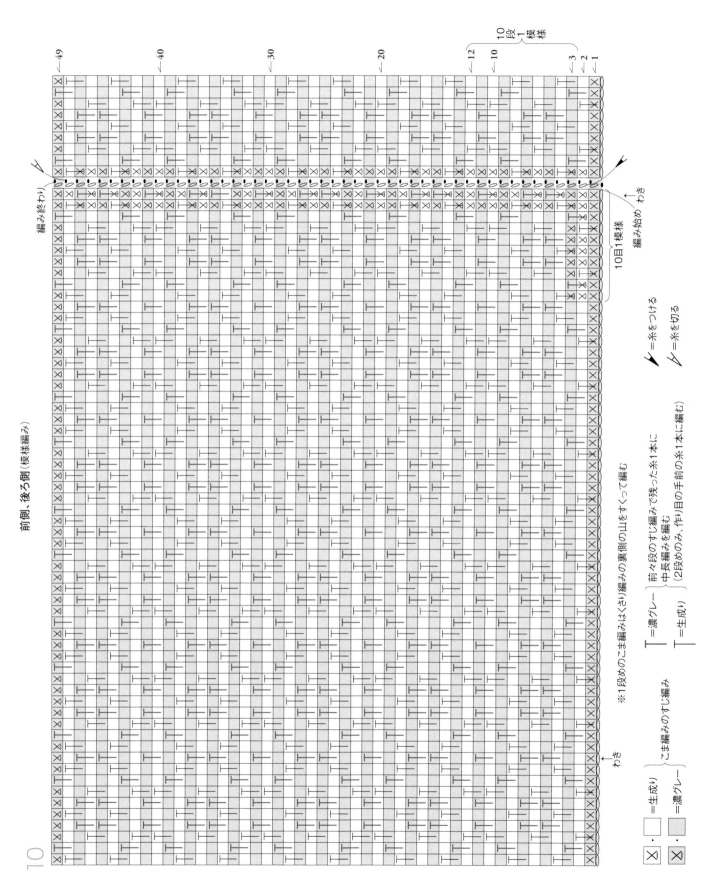

前側、後ろ側 (模様編み)

※1段めのこま編みはくさり編みの裏側の山をすくって編む

※前々段のすじ編みで残った糸1本に
中長編みを編む
(2段めのみ、作り目の手前の糸1本に編む)

□ ・ ＝生成り
＝濃グレー } こま編みのすじ編み

T ＝濃グレー
T ＝生成り

＝糸をつける
＝糸を切る

編み終わり
編み始め
わき

10目1模様
10段
1模様

X ・
X ・

49 40 30 20 12 10 3 2 1

わき

10
78

19 リーフ模様 写真／32-33ページ

●糸　ハマナカボニー（50g玉巻）
　　　生成り（442）250g
●針　ハマナカ アミアミ
　　　両かぎ針ラクラク7.5/0号
●サイズ　直径37cm
●ゲージ　長編みのすじ編み　1段＝約1.8cm
　　　　　模様編み　1段＝1.6cm

●編み方　糸は1本どりで編みます。
1　後ろ側は糸端を輪にし、長編みのすじ編みで10段
　　編みます。
2　前側も同様に作り目し、模様編みで11段編みます。
3　前側から続けて、前側と後ろ側を外表に合わせ、2
　　枚一緒に縁編みを編みます。

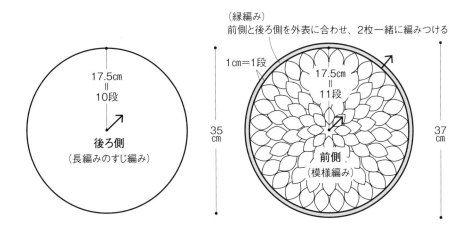

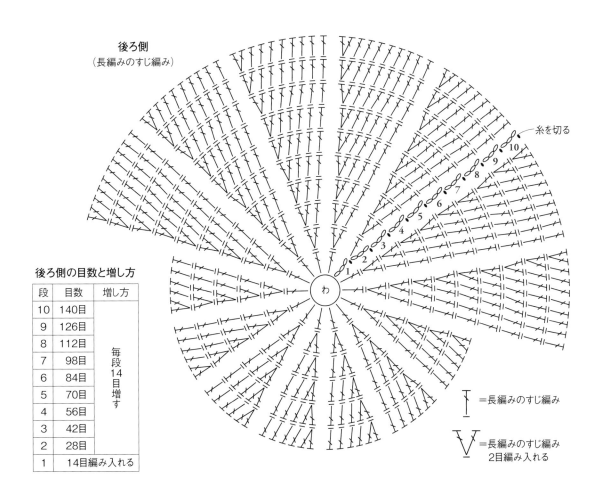

後ろ側の目数と増し方

段	目数	増し方
10	140目	
9	126目	
8	112目	
7	98目	毎段14目増す
6	84目	
5	70目	
4	56目	
3	42目	
2	28目	
1	14目編み入れる	

前側、縁編み

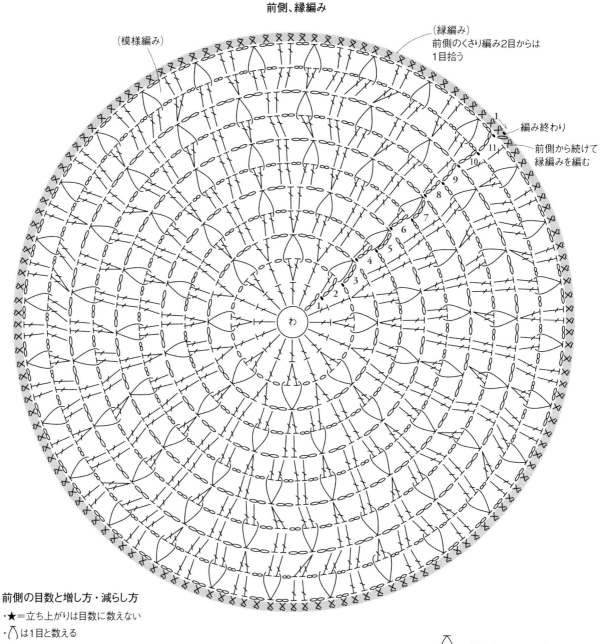

(模様編み)

(縁編み)
前側のくさり編み2目からは
1目拾う

編み終わり
前側から続けて
縁編みを編む

前側の目数と増し方・減らし方

・★=立ち上がりは目数に数えない
・⌒は1目と数える

段	目数と模様数	増し方・減らし方
11	196目(28模様)	28目減らす
10	224目	77目増す
9	147目(21模様)	21目減らす
8	168目	42目増す
7	126目★(18模様)	18目減らす
6	144目	60目増す
5	84目★(12模様)	12目減らす
4	96目	40目増す
3	56目★(8模様)	16目増す
2	40目	24目増す
1	16目編み入れる	

⌒ =編み方は81ページの
写真参照

✕ =バックこま編み

リーフ模様 ⟨ の編み方

1　針に糸をかけ、前段の長編み（「長編み2目編み入れる」の右側）の足に矢印のように針を入れ、糸をかけて引き出す（未完成の中長編みの要領）。

2　引き出したところ。

3　針に糸をかけ、1と同じところに針を入れ、同様に糸を引き出す。全部で7回引き出す。

4　針に糸をかけ、2つのループを一度に引き抜く。

5　さらに針に糸をかけ、3つのループを一度に引き抜く。

6　引き抜いたところ。

7　5と同様に「針に糸をかけて3つのループを引き抜く」をくり返す。針には2つのループが残る。

8　針に糸をかけ、前段の長編み（「長編み2目編み入れる」の左側）の足に矢印のように針を入れ、糸をかけて引き出す。

9　針に糸をかけ、8と同じところに針を入れ、同様に糸を全部で7回引き出す。

10　4〜7をくり返す。最後は針に糸をかけ、3つのループを一度に引き抜く。

11　引き抜いたところ。リーフ模様が編めた。リーフの右側は裏面が出る。

12　続きを編む。

21 市松模様 写真／36ページ

- **●糸** ハマナカボニー（50g玉巻）
  グレイッシュブルー（610）370g
- **●針** ハマナカ アミアミ
  両かぎ針ラクラク7.5/0号
- **●サイズ** 42cm角
- **●ゲージ** 模様編みA、B
  1模様＝約13cm　7段＝10cm

- **●編み方** 糸は1本どりで編みます。
1 後ろ側はくさり編み42目を作り目し、模様編みA で角を増減しながら28段編みます。
2 前側も同様に作り目し、模様編みBで28段編みます。
3 前側から続けて、前側と後ろ側を外表に合わせ、2 枚一緒に縁編みを編みます。

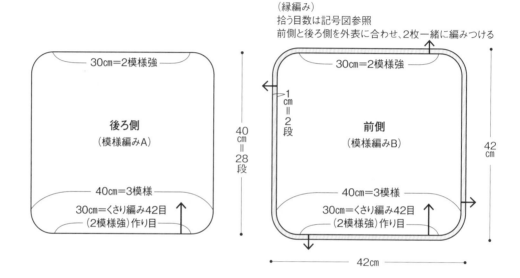

（縁編み）
拾う目数は記号図参照
前側と後ろ側を外表に合わせ、2枚一緒に編みつける

後ろ側
（模様編みA）

30cm＝2模様強
40cm＝3模様
30cm＝くさり編み42目
（2模様強）作り目

40cm＝28段

前側
（模様編みB）

30cm＝2模様強
40cm＝3模様
30cm＝くさり編み42目
（2模様強）作り目

1cm＝2段

42cm

42cm

糸とお手入れ

◎糸について

この本の作品は、ハマナカボニーとハマナカジャンボニーで編まれています。どちらもソフトでふっくらとしたボリューム感のある、アクリル100％の手編み糸。編みやすく、色数も豊富にあります。抗菌・防臭加工がされているので、ざぶとんが清潔に保たれます。

◎ざぶとんのお手入れ

使っているうちに、ざぶとんがぺったんこになったり、汚れが気になったりしたときは、手洗いをするとよいでしょう。ハマナカボニーシリーズは、アクリルを原料段階（わたの状態）で染色した後、紡績とバルキー加工（ふくらみ加工）をしているので、洗濯をしても縮んだりせず、乾きが早く、ふくらみも復元されます。

ハマナカボニー

ハマナカジャンボニー

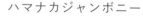

実物大　　　　　　実物大

後ろ側

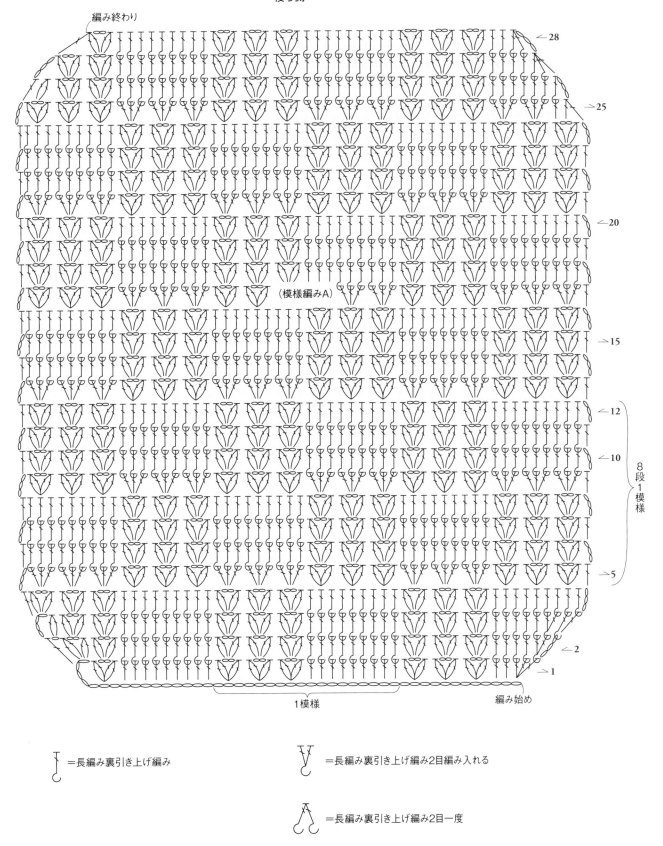

編み終わり

←28
→25
←20
→15
←12
←10
→5
←2
→1

(模様編みA)

8段1模様

1模様

編み始め

$\top$ =長編み裏引き上げ編み

$\curlyvee$ =長編み裏引き上げ編み2目編み入れる

$\wedge$ =長編み裏引き上げ編み2目一度

83

前側、縁編み

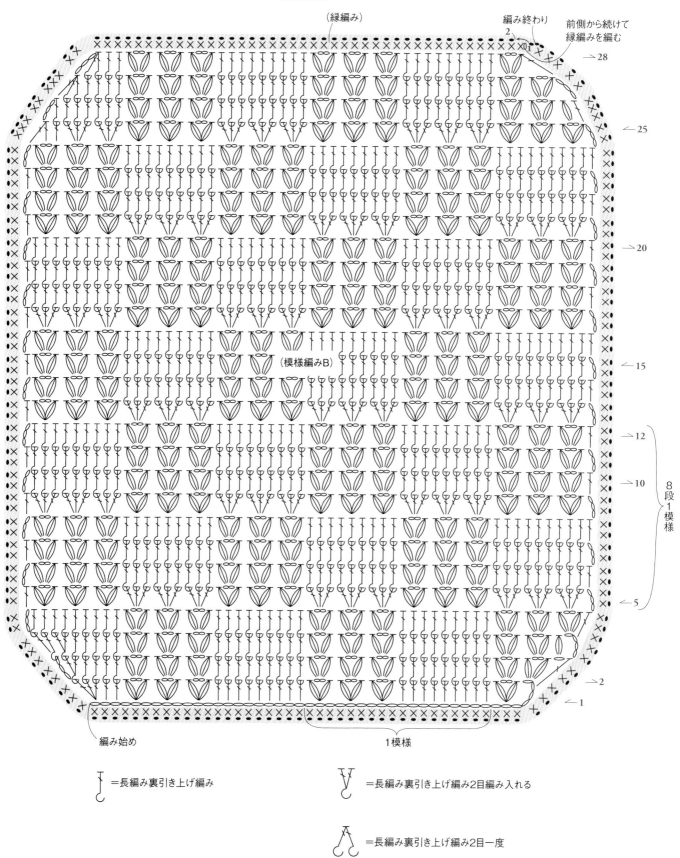

(縁編み)

編み終わり
2

前側から続けて
縁編みを編む

→28

←25

→20

(模様編みB)

←15

→12

→10

8段1模様

←5

→2

←1

編み始め

1模様

$\text{\LARGE I}$ =長編み裏引き上げ編み

$\text{\LARGE Y}$ =長編み裏引き上げ編み2目編み入れる

$\text{\LARGE A}$ =長編み裏引き上げ編み2目一度

22 スクエアモチーフ 写真／37ページ

裏面

●糸 ハマナカボニー（50g玉巻）
　　群青（473）160g
　　ナチュラルダークブラウン（615）135g
　　生成り（442）70g
●針 ハマナカ アミアミ
　　両かぎ針ラクラク7.5/0号
●サイズ 38cm角
●モチーフの大きさ 12cm角
●ゲージ 模様編み 6.5段＝10cm

●編み方 糸は1本どりで、指定の配色で編みます。
1 後ろ側は糸端を輪にし、模様編みで12段編みます。
2 前側はモチーフつなぎで編みます。モチーフは糸
　端を輪にし、指定の配色で図のようにA5枚、B4
　枚を編みます。
3 モチーフを外表に合わせ、こま編みで①～④の順
　につなぎます。
4 前側と後ろ側を外表に合わせ、2枚一緒に縁編みを
　編みます。

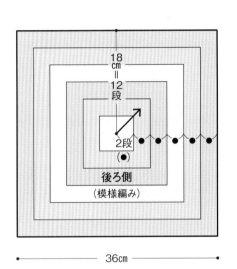

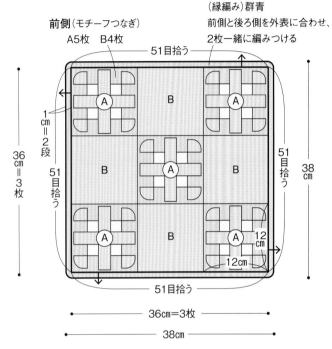

モチーフA 5枚

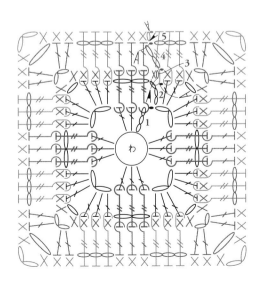

モチーフAの配色

段	色
5	群青
3・4	ナチュラルダークブラウン
1・2	生成り

＝長編み表引き上げ編み

＝長々編み表引き上げ編み

＝糸をつける

＝糸を切る

モチーフB 4枚
ナチュラルダークブラウン

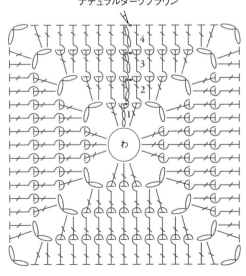

85

後ろ側（模様編み）

縁編みの1段めの編みつけ位置

51目

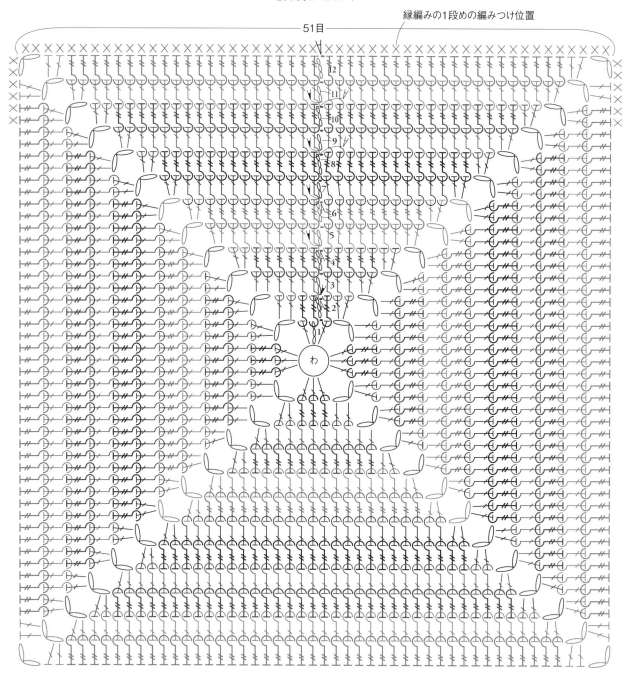

=長編み表引き上げ編み

=長々編み表引き上げ編み

=糸をつける

=糸を切る

後ろ側の目数、増し方と配色

段	目数	増し方	色
12	196目	毎段16目増す	群青
11	180目		
10	164目		ナチュラルダークブラウン
9	148目		
8	132目		生成り
7	116目		

6	100目	毎段16目増す	群青
5	84目		
4	68目		ナチュラルダークブラウン
3	52目		
2	36目		生成り
1	20目編み入れる		

※2段め以降、立ち上がりは目数に数えない

前側モチーフのつなぎ方、縁編み

※モチーフは外表に合わせ、①～④の順にこま編みでつなぐ(群青)

(縁編み)群青
前側と後ろ側を外表に合わせ、
2枚一緒に編む

編み終わり

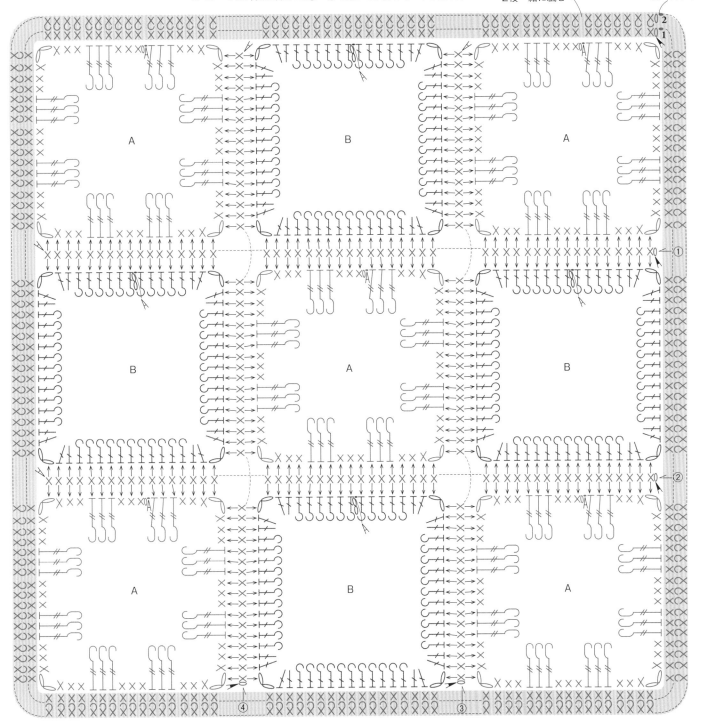

$\bigvee$ =こま編み裏引き上げ編み

24 ブレードを組む 写真／40-41ページ

- **●糸** ハマナカボニー（50g玉巻）
  薄茶（480）200g
  こげ茶（419）110g
- **●針** ハマナカ アミアミ
  両かぎ針ラクラク7.5/0号
- **●サイズ** 直径38cm
- **●ゲージ** 模様編み 12段＝10cm

●編み方 糸は1本どりで、指定の配色で編みます。

1. ブレードは、くさり編み11目を作り目し、模様編みで309段増減なく編み、a〜eの位置に印をつけます。
2. 写真と図を参照してブレードを組み、編み始め側と編み終わり側を巻きかがります。
3. a〜eにぬい針を入れて縫いちぢめ、印をはずして形を整えます。

ブレード
（模様編み）

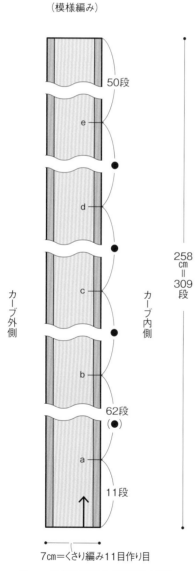

50段

e

d

258
cm
＝
309段

c

カーブ外側　　カーブ内側

b

62段
（●）

a

11段

7cm＝くさり編み11目作り目

※a〜eに糸や段目リングで印をつける

ブレード
（模様編み）

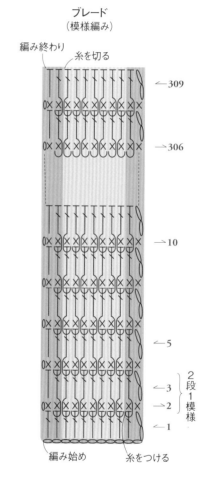

編み終わり　糸を切る

←309

→306

→10

←5

→3　⎱ 2段1模様
→2　⎰

→1

編み始め　　糸をつける

※薄茶の糸を編むときにこげ茶の糸を
編みくるみながら編む

＝長編み表引き上げ編み
（前々段に編む）

＝長編み裏引き上げ編み
（前々段に編む）

▨＝こげ茶

▨＝薄茶

ブレードの組み方

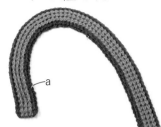

1 下図を参照して組む。aの印の あるほうのブレードの端を左側 におく。

2 上側にカーブを作り、aの印と bの印を近づける。

3 ブレードを曲げながら2のカー ブの隣に同様にカーブを作り、 cの印をaとbの印に近づける。

4 aの印のあるブレードの下を通 す。

5 下図を参照しながら、写真のよ うにブレードを通す。

6 a〜eの印が全部中央にくるよ うに形を整え、ブレードの編み 始めと編み終わりを裏側で巻き かがる。a〜eを縫いちぢめる。

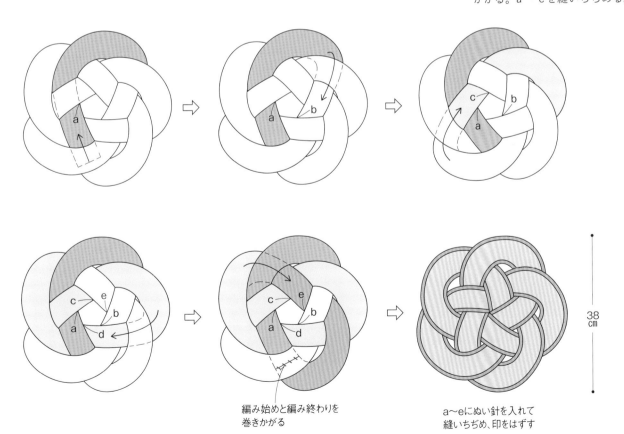

編み始めと編み終わりを 巻きかがる

a〜eにぬい針を入れて 縫いちぢめ、印をはずす

38cm

23 引き揃え 写真／38-39ページ

a　b

c

●糸　ハマナカボニー（50g玉巻）
　a　からし（491）160g
　　　生成り（442）110g
　b　群青（473）160g
　　　生成り（442）110g
　c　生成り（442）110g
　　　濃グレー（481）110g
　　　グレー（486）55g
●針　ハマナカ アミアミ
　　　竹製かぎ針12㎜
●サイズ　直径38cm
●ゲージ　模様編み　1段＝1.9cm

●編み方
糸は指定の本数を合わせた5本どりで編みます。
1　糸端を輪にし、模様編みで立ち上がりをつ
　けずに10段編みます。
2　編み終わりはチェーンつなぎにします。

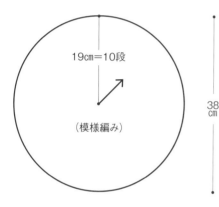

19cm＝10段

（模様編み）

38cm

編み終わり
チェーンつなぎ
（下図参照）

引き揃えの色と本数

a	からし3本どり、生成り2本どり
b	群青3本どり、生成り2本どり
c	生成り、濃グレー各2本どり、グレー1本どり

目数と増し方

段	目数	増し方
10	90目	12目増す
9	78目	6目増す
8	72目	12目増す
7	60目	6目増す
6	54目	12目増す
5	42目	6目増す
4	36目	12目増す
3	24目	6目増す
2	18目	12目増す
1	6目編み入れる	

3段めからは前段のくさりに
束に編み入れる

こま編み3目を前段の
くさりに束に編み入れる

チェーンつなぎ

編み終わりの目の糸を
引き出し、編み始めの
目に通す

編み終わりの目に
図のように針を通し、
裏側で糸の始末をする

かぎ針編みの基礎

[編み目記号]

くさり編み

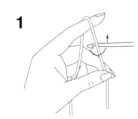 **1**

2

3 糸端を引いて輪を引き締める

4

5

こま編み

×

×××××××××

1 立ち上がりのくさり編み1目
くさり編み1目で立ち上がり、作り目の1目めをすくう

2 針に糸をかけ、矢印のように引き出す

3 針に糸をかけ、針にかかっているループを一度に引き抜く

4 1目でき上がり。こま編みは立ち上がりのくさり編みを1目に数えない

5 1〜3をくり返す

6

中長編み

T

TTTTTTT

1 立ち上がりのくさり編み2目
くさり編み2目で立ち上がる。針に糸をかけ、作り目の2目めをすくう

2 針に糸をかけ、矢印のようにくさり編み2目分の高さまで引き出す

3 針に糸をかけ、針にかかっているループを一度に引き抜く

4 1目でき上がり。立ち上がりのくさり編みを1目に数える

5 1〜3をくり返す

6

長編み

T

1 立ち上がりのくさり編み3目
くさり編み3目で立ち上がる。針に糸をかけ、作り目の2目めをすくう

2 針に糸をかけ、矢印のように1段の高さの半分くらいまで引き出す

3 針に糸をかけ、1段の高さまで引き出す

4 針に糸をかけ、針にかかっているループを一度に引き抜く

5 1目でき上がり。立ち上がりのくさり編みを1目に数える

6 1〜4をくり返す

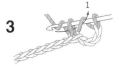

引き抜き編み

1 前段の目の頭をすくう

2 針に糸をかけ、一度に引き抜く

3 1・2をくり返し、編み目がつれない程度にゆるめに編む

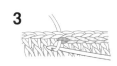

長々編み

1

立ち上がりの
くさり編み4目

くさり編み4目で立ち上がる。
針に糸を2回かけ、作り目の2目めをすくう

2

針に糸をかけ、矢印のように
1段の高さの1/3くらいまで引き出す

3

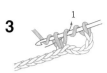

針に糸をかけ2つのループを
引き抜く

三つ巻き長編み

針に糸を3回かけ、
「長々編み」の要領で編む

4

針に糸をかけ、
2つのループを引き抜く

5

針に糸をかけて残りの
2つのループを引き抜く

6

1〜5をくり返す。立ち上がりの
くさり編みを1目に数える

こま編み 2目編み入れる

1

こま編みを1目編み、
同じ目にもう一度編む

2

1目増える

こま編み 3目編み入れる

「こま編み2目編み入れる」の
要領で同じ目に3回針を入れて
こま編みを編む

中長編み2目編み入れる

中長編みを1目編み、
同じ目にもう一度
針を入れ中長編みを編む

長編み 2目編み入れる

1

長編みを1目編み、
同じ目にもう一度
針を入れる

2

目の高さを揃えて
長編みを編む

3

1目増える
編み入れる目数が増えても、
同じ要領で編む

こま編み2目一度

1

1目めの糸を引き出し、
続けて次の目から
糸を引き出す

2

針に糸をかけ、
針にかかっているすべての
ループを一度に引き抜く

3

こま編み2目が1目になる

こま編み3目一度

「こま編み2目一度」の
要領で3目引き出し、
3目を一度に編む

長編み2目一度

1

長編みの途中まで編み、
次の目に針を入れて
糸を引き出す

2

長編みの途中まで編む

3

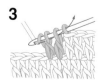

2目の高さを揃え、
一度に引き抜く

4

長編み2目が1目になる

[V と W の区別]

根元がついている 場合	根元が離れている 場合
前段の1目に針を入れる	前段のくさり編みの ループを束にすくう

長編み3目の
玉編み

1

未完成の長編みを
3目編む（図は1目め）

2
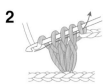
針に糸をかけ、
一度に引き抜く

3

くさり3目

長編み2目の
玉編み

「長編み3目の
玉編み」の要領で
長編みを2目編む

中長編み3目の
玉編み

※目数が違っても
同じ要領で編む

1

針に糸をかけ、矢印のように
針を入れ、糸を引き出す
（未完成の中長編み）

2

同じ目に未完成の
中長編みを編む

3

同じ目に未完成の中長編みを
もう1目編み、3目の高さを揃え、
一度に引き抜く

4

くさり3目

中長編み3目の
変わり玉編み

※目数が違っても
同じ要領で編む

1

中長編み3目の玉編み
の要領で針に糸をかけ、
矢印のように引き抜く

2

針に糸をかけ、2本の
ループを一度に引き抜く

3

長編み交差

※中長編み交差も
同じ要領で編む

1

1目先の目に長編みを編み、針に
糸をかけて手前側の目に針を入れる

2

針に糸をかけて引き出し、
長編みを編む

3

先に編んだ目をあとから
編んだ目で編みくるむ

［色のかえ方］
（輪編みの場合）

1
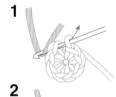

2

色をかえる手前の目の
最後の糸を引き抜くときに、
新しい糸にかえて編む

うね編み

1

前段の頭の向こう側の
1本だけをすくう

2

こま編みを編む

3

毎段向きをかえて往復編みで編む。
2段でひとつのうねができる

中長編みのうね編み
中長編みのすじ編み

「うね編み」「こま編みのすじ編み」の
要領で中長編みを編む

こま編みの
すじ編み

1

前段の頭の向こう側の
1本だけすくう

2

こま編みを編む

3

前段の目の手前側の1本の
糸が残ってすじができる

長編みのすじ編み

「こま編みのすじ編み」の要領で
長編みを編む

93

バックこま編み

$\overset{\approx}{}$

→ 0 ✕✕✕✕
→ 0✕ ✕ ✕ ✕ ✕ ✕
→ 0✕ ✕ ✕ ✕ ✕ ✕

1	2	3	4	5
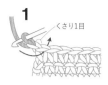 くさり1目		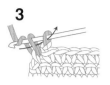	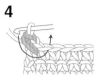	
針を手前側からまわして矢印のようにすくう	針に糸をかけて矢印のように引き出す	針に糸をかけ、2つのループを引き抜く	1～3をくり返し、左側から右側へ編み進む	

ねじりこま編み

→ ✕✕✕✕✕0
→ ✕✕✕✕✕✕✕0
→ ✕✕✕✕✕✕✕0

1	2	3	4	5
 立ち上がりくさり1目			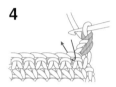	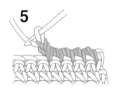
こま編みの要領で、長めに糸を引き出し、矢印のように針先を手前側へまわす	針をさらに向こう側へまわす	編み目をねじったまま針に糸をかけ、糸をゆるめに引き抜く	1～3をくり返す	右側から左側へ編み進む

長編み表引き上げ編み

1	2	3	4
		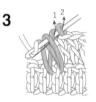 1 2	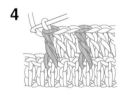
針に糸をかけ、前段の足を矢印のように表側からすくう	針に糸をかけ、長めに糸を引き出す	長編みと同じ要領で編む	

長編み裏引き上げ編み

1	2	3	中長編み表引き上げ編み	長々編み表引き上げ編み
	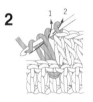 1 2			
針に糸をかけ、前段の足を裏側からすくい、長めに糸を引き出す	長編みと同じ要領で編む		「長編み表引き上げ編み」の要領で前段の足を表側からすくって中長編みまたは長々編みを編む	

こま編み表引き上げ編み

→ ✕✕✕✕✕✕✕✕ ←
→ ✕✕✕✕✕✕✕✕ ←

1	2	3	4	5
				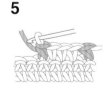
矢印のように針を入れ、前段の足を表側からすくう	針に糸をかけ、こま編みより長めに糸を引き出す		こま編みと同じ要領で編む	

こま編み裏引き上げ編み

→ ✕✕✕✕✕✕✕✕ ←
→ ✕✕✕✕✕✕✕✕ ←

1	2	3	4

前段の足を裏側から針を入れてすくう	針に糸をかけて矢印のように編み地の向こう側に引き出す	少し長めに糸を引き出し、こま編みと同じ要領で編む	

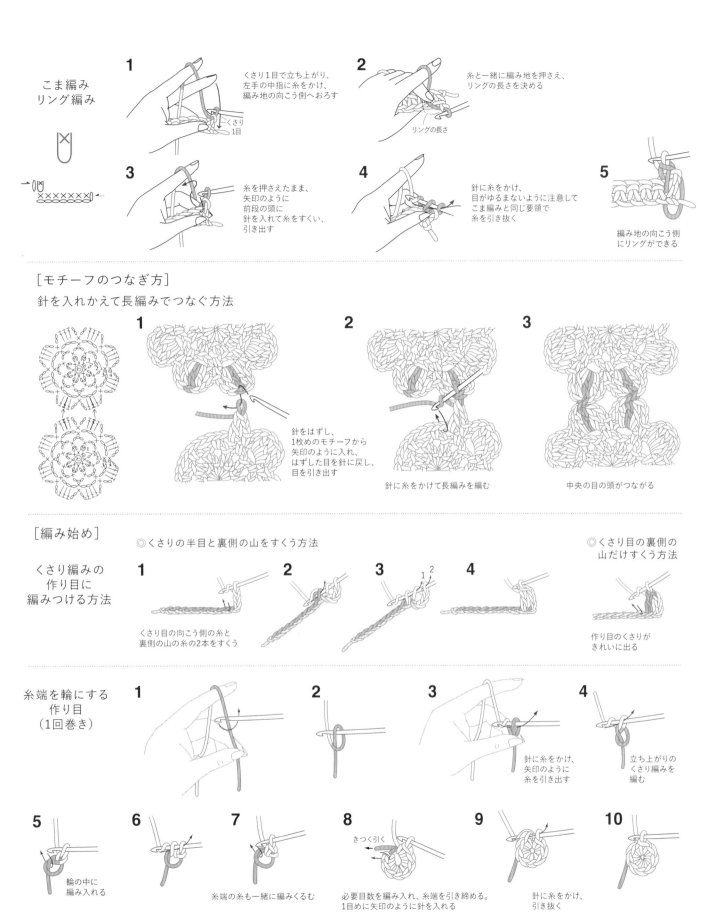

こま編み
リング編み

1 くさり1目で立ち上がり、左手の中指に糸をかけ、編み地の向こう側へおろす

くさり1目

2 糸と一緒に編み地を押さえ、リングの長さを決める

リングの長さ

3 糸を押さえたまま、矢印のように前段の頭に針を入れて糸をすくい、引き出す

4 針に糸をかけ、目がゆるまないように注意してこま編みと同じ要領で糸を引き抜く

5 編み地の向こう側にリングができる

［モチーフのつなぎ方］
針を入れかえて長編みでつなぐ方法

1 針をはずし、1枚めのモチーフから矢印のように入れ、はずした目を針に戻し、目を引き出す

2 針に糸をかけて長編みを編む

3 中央の目の頭がつながる

［編み始め］

くさり編みの作り目に編みつける方法

◎くさりの半目と裏側の山をすくう方法

1 くさり目の向こう側の糸と裏側の山の糸の2本をすくう

2

3 1 2

4

◎くさり目の裏側の山だけすくう方法

作り目のくさりがきれいに出る

糸端を輪にする作り目（1回巻き）

1

2

3 針に糸をかけ、矢印のように糸を引き出す

4 立ち上がりのくさり編みを編む

5 輪の中に編み入れる

6

7 糸端の糸も一緒に編みくるむ

8 きつく引く 必要目数を編み入れ、糸端を引き締める。1目めに矢印のように針を入れる

9 針に糸をかけ、引き抜く

10

橋本真由子 MAYUKO HASHIMOTO

千葉県生まれ、東京都在住。レース編みをしていた母の影響で、幼い頃から手芸や洋裁に親しむ。文化女子大学（現 文化学園大学）在学中に編み物に出会い、卒業後に通信教育で基礎を学び直す。1本の糸から自由な形を生み出せる編み物に魅了され、フリーのデザイナーとなる。シンプルでありながら凝って見える編み方を得意とし、書籍や雑誌に作品を多数発表している。著書に『決定版 人気の手編みざぶとん』『エコアンダリヤのかごバッグ＋帽子』（ともに朝日新聞出版）がある。

ブックデザイン／渡部浩美
撮影／公文美和
プロセス撮影／中辻 渉
スタイリング／串尾広枝
トレース／大楽里美
制作協力／岡野とよ子　舩越智美
編集協力／善方信子　渡辺道子
編集／小出かがり
編集デスク／朝日新聞出版 生活・文化編集部（森 香織）

部屋に合う、
シンプルでおしゃれな
手編みざぶとん

著　者　橋本真由子
発行者　片桐圭子
発行所　朝日新聞出版
　　　　〒104-8011　東京都中央区築地5-3-2
　　　　（お問い合わせ）infojitsuyo@asahi.com
印刷所　図書印刷株式会社

©2023 Mayuko Hashimoto
Published in Japan by Asahi Shimbun Publications Inc.
ISBN 978-4-02-334141-8

［撮影協力］
AWABEES　Tel. 03-6434-5635

［糸と針］
ハマナカ株式会社
〒616-8585　京都市右京区花園薮ノ下町2番地の3
Fax. 075-463-5159
コーポレイトサイト hamanaka.co.jp
メールアドレス info@hamanaka.co.jp

※ 材料の表記は、2023年10月現在のものです。
※ 印刷物のため、作品の色は実物とは多少異なる場合があります。
※ 本書に掲載している写真、作品、製図などを製品化し、ハンドメイドマーケットやSNS、オークションでの個人販売、ならびに実店舗、フリーマーケット、バザーなど営利目的で使用することはお控えください。個人で手作りを楽しむためのみにご使用ください。
※ お電話等での編み方に関する質問は、ご遠慮申し上げます。